KB245999

영업실무자가 묻고

78개 현장사례에서 배우는 Sales Leadership

세일즈마스터가 답하다

78개 현장사례에서 배우는 Sales Leadership

영업실무자가 묻고
세일즈마스터가 답하다

초판인쇄 2018년 4월 6일
초판발행 2018년 4월 6일

지은이 노진경, 전승훈
펴낸이 채종준
기 획 양동훈
마케팅 송대호

펴낸곳 한국학술정보(주)
주 소 경기도 파주시 회동길 230(문발동)
전 화 031-908-3181(대표)
팩 스 031-908-3189
홈페이지 http://ebook.kstudy.com
E-mail 출판사업부 publish@kstudy.com
등 록 제일산-115호(2000. 6. 19)

ISBN 978-89-268-8357-0 13320

이 책은 한국학술정보(주)와 저작자의 지적 재산으로서 무단 전재와 복제를 금합니다.
책에 대한 더 나은 생각, 끊임없는 고민, 독자를 생각하는 마음으로 보다 좋은 책을 만들어갑니다.

영업실무자가
묻고

78개 현장사례에서 배우는 Sales Leadership

세일즈마스터가
답하다

노진경 경영학박사-세일즈마케팅코치
전승훈 KPC 마케팅전략팀 팀장

영업조직과 영업실무자는 시장과 고객을 움직여 자신이 원하는 성과를 달성해야 하는 역할을 한다. 시장과 고객을 움직이기 위해서는 매력적인 메시지와 가치를 제안할 수 있어야 한다. 세일즈 리더십은 시장과 고객을 설득해 목표로 하는 성과를 달성하는 영업조직과 영업실무자의 핵심역량이다. 시장과 고객 및 소비자는 제품의 특성에 행동하지 않고, 가치에 의해 행동한다. 세일즈 리더십의 핵심은 가치를 중심으로 시장과 고객 및 소비자를 설득해 구매행동을 이끌어내는 것에 있다.

'망치가 유일한 공구인 사람의 눈에 보이는 모든 문제가 못으로 보인다.'는 말이 있다. 일상생활에서든 조직생활의 업무에서든 지금의 문제 혹은 성과는 과거 우리가 선택한 것의 결과이다. 부딪치고 경험하는 문제에 대한 해결방법이 같다면 그 문제해결의 결과도 바뀌지 않는다. 새로운 결과와 새로운 성과를 원한다면 망치 외의 공구를 가져야 하고, 새로운 선택을 해야 하며, 새로운 방법으로 문제를 해결해야 한다. 이를 '변화'라고 한다. 거창하게 말하면 '혁신'이라고도 한다. 영업현장에서 발생한 생생한 사례를 통해 현장에 곧바로 적용할 수 있는 새로운 공구(영업 스킬)와 작업 시스템(영업 시스템)을 제공해 더 나은 성과를 달성하도록 통찰(insight)을 얻게 하는 것이 이 책의 목적이다.

행동경제학에 의하면 인간이 문제를 해결할 때, 인간의 뇌는 에너지를 가장 적게 소비하려는 욕구로 인지적 구두쇠(cognitive miser)의 특성을 보이면서 간편하고, 현실적으로 만족할 만한 수준의 해답을 찾는다고 주장한다. 이를 '휴리스틱'이라고 부른다. 휴리스틱이 작동을 하면 가장 이상적인 해결방법을 선택하지 않고, 편향적인 사고와 최선이 아닌 습관적이고 익숙한 방법을 선택한다는 것이다. 이러한 해결방법이 최선의 결과를 보장하지 않는다는 것이다.

영업실무자들이 영업활동을 하면서 부딪치는 크고 작은, 쉽고 어려운 상황은 항상 새로운 영업기술과 행동을 선택하게 한다. 이 선택의 결과는 영업의 성과를 좌우할 것이고, 영업실무자의 전문성과 역량을 보여주는 것이며, 더 나아가서는 기업의 비즈니스 역량까지도 고객으로부터 평가에 영향을 미친다. 고객들이 기대하는 영업실무자와 협력사 혹은 공급사는 자신들의 문제(비용절감 등)해결과 목표(이익창출 등)달성을 지원해 주는 역량을 갖춘 조직과 영업실무자이다. 고객이 가진 문제를 해결하고 고객이 원하는 목표달성을 지원해주는 비즈니스 파트너로서 영업활동을 하려면 고객의 성장과 발전을 도와줄 수 있는 역량과 기술을 갖춰야 한다. 영업기술과 역량을 강화하는 것은 직접 경험을 통해서도 가능하지만 타인의 경험에서 배우는 지식을 통해서도 가능하다. 특히 영업현장에서 발생하는 실제적인 성공사례와 실패사례 그리고 각 사례에 대해 정리된 지식과 기술을 습득하는 것은 영업실무자의 역량강화에 유용한 방법이 된다. 이를 통해 경험학습의 시간과 비용을 줄이면서 영업역량을 강화할 수 있다.

이 책은 필자가 25년간의 현장경험과 영업강의를 하면서 만난 1,000명 이상의 B2B, B2C 영업실무자들로부터 수집한 그들의 현장 경험과 사례 78가지를 중심으로 구성되어 있다. 영업현장의 생생한 스토리와 영업실무자들의 성공-실패 그리고 고민에 대해 세일즈마스터로서 필자의 아이디어와 제안으로 구성되었다. 즉, 이 책을 읽는 영업실무자들이 영업상 매일 부딪치는 상황에 활용하면 도움이 되는 필자의 지식과 영업기술, 도구, 영업전략, 협상을 잘하는 방법 등을 전달하고자 하는 의도로 집필을 하게 되었다. 본문에 나오는 기업들과 영업실무자는 가명 혹은 대명사로 표현하였다.

1부는 영업실무자들의 영업 성공사례를 통해 그들의 노하우와 필자의 지식과 기술 그리고 방법 들로 구성되어 있다. 이 책을 읽는 독자들 역시 자신의 성공경험을 잘 정리하고 분석하면 자신만의 영업 노하우를 강화할 수 있을 것이다.

2부는 1부와는 반대로 필자가 만난 영업실무자들의 실패한 경험을 통해 배울 수 있는 내용으로 구성되었다. 실패를 원하는 영업실무자는 아무도 없지만, 준비소홀, 고객의 구매정책 변화, 경쟁사의 공격적인 영업활동과 테크닉 활용 등으로 인해 영업에서의 실패는 항상 일어난다. 다른 영업실무자들의 간접실패 경험을 통해 영업에 대한 새로운 기술과 방법을 습득할 수 있을 것이다.

3부와 마지막 별첨은 다양한 영업상황(봉착한 문제, 교착상태, 고민 등)에 대한 새로운 접근법과 대응법을 제안하는 내용으로 구성되었다. 따라서 이 장에서는 독자들이 직접 제시된 상황에 어떻게 대응할 것인지 자신의 생각과 전략·전술을 정리해 필자의 의견과 비교를 하면서 보면 흥미롭게 읽을 수 있을 것이다.

영업의 성과는 현장에서 일어난다. 그리고 직접 고객과 부딪치는 영업현장에서 영업실무자들이 보여주는 융통성과 창의성 그리고 지혜로운 대응이 영업성과달성에 결정적인 역할을 한다. 물론 조직의 든든한 지원이 전제가 된다면 훨씬 나은 성과를 올릴 수 있을 것이다. 아무쪼록 이 책이 제공하는 영업현장의 실제 사례와 새로운 지식과 방법 등이 독자들께서 영업전문가로서 성장하고 발전하는데 도움이 되기를 바란다.

세일즈마케팅코치
노진경 경영학박사

필자가 가장 좋아하는 말은 '고객을 배려하는 비즈니스는 수만 번 팔 수 있다.' 라는 말이다. 이는 고객에게 어떤 효용가치를 줄 수 있는가에 따라서 사업의 성패가 달렸다는 것이며 나아가 '고객이 얻을 수 있는 가치'에 얼마나 많은 고민을 하고 이를 비즈니스 활동(제안)에 담아내느냐가 가장 중요하다는 것을 뜻한다.

날이 갈수록 시장은 포화되고 있고 제품 간의 품질 격차는 줄어들고 있으며 소비자의 니즈는 점점 다양해지고 까다로워지고 있다. 이러한 환경에서 기업들이 차별화된 경쟁우위를 확보하기 위해서는 고객에게 '가치제안'을 얼마나 효과적이고 효율적으로 할 수 있느냐에 달려있다. 이를 위해 기업들은 고객 접점에서 그 가치를 제안하는 영업사원의 역량강화에 노력하고 있으며 나아가 효과적인 영업 플랫폼을 구축하려 노력하고 있다.

기업의 영업 생산성을 높이기 위해서는 영업사원들의 영업 프로세스에 대해서 점검을 해보아야 한다. 영업사원의 역량은 곧 고객의 신뢰로 이어지기 때문이다. 영업이 고도화되면서 업무수행역량에도 변화가 요구되고 있다. 따라서 영업사원들은 제품 속성에만 초점을 맞춘 전통적인 영업활동이 아니라 고객의 문제를 해결하고 고객에게 새로운 가치까지 제공하는 'Total Solution Provider' 가 될 수 있게 영업활동을 수행해야 한다.

필자는 마케팅, 영업 분야의 재직자들을 대상으로 컨설팅 활동과 직무교육 프로그램을 기획하여 판매하는 비즈니스를 하고 있다. 본인이 지난

10년간 만나온 영업사원들의 대부분은 새로운 환경에 맞추어 변화하려하기 보다는 그동안 해왔던 관성대로 영업활동을 수행하고 있었다. 하지만 우수한 성과를 거두는 영업사원은 환경변화에 민감하게 반응하고 다양한 상황에서도 그들의 고객을 만족시킬 수 있는 자신만의 영업 플랫폼을 가지고 있었다.

영업현장에서의 환경변화와 고객들의 까다로운 요구사항은 영업사원들에게는 극복할 도전이자, 새로운 기회가 된다. 경험의 축적으로 다양한 상황에 대응할 수 있는 역량은 강화시킬 수 있지만, 기업과 영업사원의 영업효율성 향상을 위해서는 이러한 경험학습의 시간과 비용을 줄이는 것이 가장 중요하다.

본 책은 영업사원들에게 변화무쌍한 상황 대응력을 강화하고 고객과의 상담을 주도적으로 이끌어 갈 수 있는 역량을 강화하는데 목적을 두고 있다. 이 책을 통해 영업 역량을 강화하고 보다 효과적이고 효율적인 영업활동과 영업상담을 진행함으로써 영업성과를 높이고 나아가 실무에 즉각적인 적용이 가능한 자신만의 영업 플랫폼 개발 및 활용으로 영업생산성을 강화시킬 수 있기를 기대해 본다.

한국생산성본부(KPC) 마케팅전략팀

전승훈 팀장

1 영업 성공 사례에서 배우는 영업 스킬

2 영업 실수 사례에서 배우는 영업 스킬

3 영업상황과 창의적인 대응 –
이럴 땐 이렇게

○ ○ ○ ○

별첨 영업실무자들의 고민 23가지와 해결 방법

○ ○ ○ ○

1부는 영업현장에서 성취한 영업실무자들의 성공적인 경험을 통해 영업에 대한 새로운 통찰을 얻도록 구성되었다. 영업패턴과 영업유형이 다양하듯이 영업실무자들의 성공경험 역시 다양하다. 다른 영업실무자들의 성공경험을 간접적으로 접하면서 자신의 영업역량을 재점검하고 자신의 강점을 강화함과 동시에 약점을 보완할 수 있는 기회가 될 것이다. 21가지의 사례를 통해 영업을 잘하고, 자신의 영업상황에 적용할 수 있는 아이디어를 얻을 수 있기를 바란다.

1

영업 성공 사례에서
배우는 영업 스킬

○　○　○　○

선수 경력을 통틀어 나는 9000개 이상의 슛을 놓쳤다. 거의 300회의 경기에서 패배했다.
경기를 뒤집을 수 있는 슛 기회에서 26번 실패했다.
나는 살아오면서 계속 실패를 거듭했다. 그것이 내가 성공한 이유다.

- 마이클 조던

1

협상의 레버리지를 강화하라

영업실무자가 고객과 진행하는 협상의 결과는 계약의 마진 즉 이익수준을 결정한다. 영업계약의 이익은 영업실무자가 달성해야 하는 또 하나의 목표이다. 마진(이익)은 영업실무자들이 매출과 함께 달성해야 하는 중요한 목표이다. 하지만 현실에서 영업실무자들은 고객과 협상을 할 때 '을'의 입장이라는 것에 함몰되어 전략적이고 효과적인 협상을 전개하지 못한다. 영업협상의 결과에 영향을 미치는 협상 기술 중 하나는 협상의 파워를 적절하게 활용함으로써, 협상 레버리지가 자신에게 유리하게 기울도록 만드는 것이다. 다음의 사례를 통해 협상의 레버리지가 어떤 성과를 내는지 확인해 보라.

벨브 전문 기업 A사는 글로벌 네트워크를 통해 D국의 사용기업과 국내 H기업 사이에 장비개발 건이 있다는 정보를 입수하였다. 이에 A사 영업실무자는 국내기업인 H사의 구매담당자를 만나 장비개발

건 유무를 확인하자 그런 계획이 없다고 하였다. 이에 A사 영업실무자는 H사의 장비개발팀을 접촉해 확인한 결과, 시연에 필요한 장비 3대를 설계 중에 있다는 사실을 파악해 적극적인 제안으로 검토약속을 받았다. 이후 A사 영업실무자는 자사의 기존 고객 중 H기업의 개발장비와 유사한 장비를 사용중인 기업의 사용부서로부터 사용상에 문제가 없다는 자료를 확보해 H사의 장비개발팀에 제공을 하고, H사의 설계팀으로부터 설계 제안을 요청 받고 제품설계에 들어 갔다. 이후 H사의 구매팀으로부터 견적요청을 받고 견적서를 제출하였다. 이때 가격이 제품 당 100만 엔으로 제안을 하였으며, 고객인 H사의 구매팀으로부터 70만 엔에 제안이 있을 것으로 예상을 하였으나, 고객으로부터 75만 엔에 제안을 받았다. 이에 A사의 영업실무자는 85만 엔으로 다시 제안을 하였고, 고객사의 구매팀은 75만 엔을 고수하였다. 이에 A사 영업실무자는 H사의 제품개발팀과 설계팀을 접촉해 다른 기업(A사의 경쟁사)의 제품도 검토중인 지를 확인하자 그렇지 않다는 것을 확인하였다. 그래서 A사 영업실무자는 H사의 구매팀에 85만 엔 이하로는 가격을 깎을 수 없다고 제안을 하면서, H사가 원하는 납기에 맞추려면 빠른 발주가 필요하다고 해 고객으로부터 85만 엔에 발주서를 받았다.

위 사례에서 이익이 남는 협상결과를 만든 것은 다음의 몇 가지 이유에 의해서이다.

① 정보활용을 통한 영업기회 확보
② 구매부 접촉에서 정보파악
③ 실무부서인 개발팀과 설계팀을 공략

④ 기존 고객으로부터의 성공사례를 적극 활용

⑤ 가격 제안에서 Anchoring효과를 잘 활용함

⑥ 고객의 75만 엔 제안에서 고객의 협상가능범위를 예측해 85만엔을 고수한 것

⑦ 실무부서의 정보를 바탕으로 당근과 채찍 전술을 적절하게 활용함

사례의 성공비결은 영업협상에서 정보를 활용해 협상의 파워를 유용하게 활용함으로써 레버리지를 유리하게 만들었기 때문이다. 협상에서 영업실무자가 활용할 정보는 다음과 같다.

① 상대방과 당신과의 관계는?

② 상대방이 그 회사에서 일한 경력은?

③ 상대방이 조직으로부터 받은 권한은?

   i 그 회사의 협상에 대한 전략은?

   ii 협상자가 협상의 결과로 받는 보상은?

④ 상대가 가진 시간적인 제약은?

   i 상대가 회사로부터 받는 압력은?

   ii 상대의 회사 내 영향력은?

   iii 상대가 최종적인 의사결정권자인가?

   iv 아니면 누구이고? 그 사람을 직접 만날 수 있는가?

⑤ 우리 회사 내 의사결정권자를 아는 사람은?

   i 그 사람의 도움을 받을 수 있는가?

⑥ 상대방이 가진 상한선과 하한선은?

⑦ 당신에 대한 상대의 태도는?

ⅰ 당신 회사에 대한 상대방의 태도는?

⑧ 과거 상대와 협상을 한 사람이 우리 회사에 있는가?

ⅰ 있다면 누구?

ⅱ 그 결과는?

⑨ 상대가 사용할 수 있는 전술은?

⑩ 상대방이 가진 BATNA와 수준 그리고 선택 가능성은?

⑪ 상대방의 거래조건과 각 조건의 수준 및 우선순위는?

⑫ 상대방의 재고수준은?

⑬ 구매관계자에 대한 정보 중 유용한 정보는? 협상을 유리하게 만드는데 도움이 되는 정보는?

⑭ 구매과정에서 영향력이 가장 큰 부서 혹은 구매관계자는?

성공 사례에서 배운 Action Idea

세일즈 리더십: 고객과 시장에 대한 영향력을 강화하라.

세일즈/영업실무자는 고객을 설득해 기업과 자신이 요구하는 행동을 하도록 하는 역량을 갖추어야 한다. 기업과 세일즈/영업실무자가 시장과 고객에게 요구하는 행동은 자사의 제품과 서비스를 소비자들과 고객이 구매를 하도록 하는 것이거나, 지속적인 세일즈/영업활동에 대한 허락을 받는 것이다. 따라서 이런 성과를 보장하는 기업과 세일즈/영업실무자의 역량을 세일즈 리너십(sales-leadership)이라고 일컫는다.

세일즈 리더십은 기업이 보유한 대 고객과 대 시장에 대한 영향력이다. 기업은 제품을 개발하고 생산하는 만큼 혹은 더 많은 열정과 에너지 그리고 비용을 들여 시장과 고객에 대한 영향력을 발휘해야 한다. 보다 수준 높은 세일즈 리더십을 발휘하기 위해서는 제품 중심의 세일즈에서 가치 중심의 세일즈로 그 패러다임을 새롭게 바꿔야 한다. 즉 판매 중심에서 고객이 스스로 구매하도록 하는 가치 개발과 매력적인 제안 등의 세일즈/영업활동으로 전환 해야 한다. 세일즈/영업활동의 효율성을 올리고 매출과 이익을 동시에 달성하는 영업경쟁력을 갖추어야 한다. 고객의 비즈니스 파트너가 되어야 하고, 고객의 환영을 받는 제안을 해 고객이 구매결정을 하거나 구매 프로세스를 가동하게끔 영향력을 발휘해야 하는 것이 세일즈/영업실무자들의 역할이다. 고객이 이탈하지 않도록 거래 특유의 자산을 구축하고, 고객의 기억 속에 확고한 자리를 잡도록 하는 것이 영업의 영향력 즉 세일즈 리더십이다.

세일즈 리더십의 성과는 두 가지이다. 하나는 매출을 올리는 것이고, 다른 하나는 매출의 이익(마진)을 보호하거나 확보하는 것이다. 영업/세일즈 활동과 협상에서 세일즈/영업실무자가 발휘하는 영향력과 구매의 정당성을 제공해 주는 가치 제안은 협상의 레버리지를 유리하게 만들 수 있다. 고객의 협상요구에 두려움을 갖지 마라. 고객의 협상요구(가격인하 요구 등)는 지극히 당연한 고객의 반응이다. 세일즈/영업실무자는 이러한 고객의 요구를 '갑질'로 받아들이지 말아야 고객과 효과적으로 협상을 할 수 있다.

○ ○ ○ ○

나에게 충분히 긴 막대기와 아주 강한 받침대가 있다면 한 손으로 지구를 들어올릴 수 있다.

– 아르키메데스

78개 현장사례에서 배우는 Sales Leadership
영업실무자가 묻고 세일즈마스터가 답하다

2

고객의 총 구매비용을 활용해 설득하라

고객의 구매비용에 대해 영업실무자
들이 갖고 있는 고정관념은 가격 하나에만 생각을 집중하는 것이다. 이
러한 고정관념의 부정적인 영향은 영업실무자에게 고객을 설득하기 위
한 제안의 다양성과 폭이 제한된다는 것이다. 이것을 극복하기 위해 영
업실무자는 고객과 협상을 하거나, 자사와의 거래를 위한 가치 제안을
할 때 고객의 구매결정에 영향을 미치는 다양한 구매비용을 고려한 제안
을 할 수 있어야 한다. 다음의 사례를 보자.

전자제품을 생산해 1차 가공을 하는 고객사에 납품을 하는 F기업은
고객사인 G기업이 제품의 손상을 방지하기 위해 포장에 많은 비용
을 지출하는 것을 파악하였다. 새로운 회계연도가 되자 고객인 G기
업은 매입가격을 인하해 주어야 지속적인 거래를 할 수 있다고 하
면서 가격조정을 제안하였다. 이에 F기업의 영업실무자는 자사제품

에 대해서는 재사용이 가능한 포장재를 개발해 납품을 한 후 포장재를 회수해 재사용하는 조건으로 고객사의 구매원가(포장비용)를 낮춰 주는 제안으로 수주에 성공하였다.

위 사례를 통해 우리는 다음의 사실을 알 수 있다.

① 가격은 고객의 총 구매비용 중 한 요소이다.

② 가격 하나에만 매몰되어서 제안의 폭과 다양성을 제한하지 마라.

③ 창의적인 방법으로 고객의 구매비용을 줄여주거나, 대체할 수 있는 방법을 찾아라.

④ 고객의 총 구매비용은 구매관련 비용, 사용관련 비용, 소유관련 비용이 있다. 각 비용에서 고객의 니즈를 파악하고 솔루션을 제안하라.

영업실무자가 알아야 하고 가치 제안 시에 활용할 수 있는 고객의 총 구매비용은 다음과 같다.

① 구매관련 비용 : 고객의 구매관련 비용은 구매업무 과정에서 발생되는 비용이다. 이 구매관련 비용에는 가격, 구매전 평가/조사노력과 비용, 시간, 서류작업, 내부검토와 주문관련 업무수행, 내부 의견충돌로 인한 갈등해결 비용 등이 있다.

② 소유관련 비용 : 소유관련 비용은 고객이 제품을 구매 후 소유하는 과정에서 발생하는 비용이다. 이 소유관련 비용에는 이자, 세금/보관/저장, 설치, 관리, 감가상각 비용 등이 있다.

③ 사용관련 비용 : 사용관련 비용은 고객이 제품을 구매 후 사용하

는 과정에서 발생하는 비용으로 가동중지로 인한 업무수행 차질 비용, 부품조달 비용, 사용법, 교체, 사용 후 폐기비용 등이 있다.

성공 사례에서 배운 Action Idea

3

고객의 비즈니스 이슈에 영향을 미쳐라

B2B영업 실무자들이 더 많은 영업의 기회를 발굴하기 위해서는 고객의 비즈니스를 바라보는 스펙트럼을 넓혀야 한다. B2B영업실무자들은 최종소비시장의 트렌드와 흐름이 고객사인 B2C기업에 미치는 영향을 파악하고 거기에서 새로운 영업의 기회를 발굴할 수 있어야 한다. 모든 비즈니스의 목적은 사람들의 삶을 풍요롭게 하는데 있다. 따라서 최종 사용자의 구매와 소비가 있어야 B2C기업의 비즈니스가 유지된다. 다음의 사례를 통해 이 사실을 확인할 수 있다.

자동차에 들어가는 수동 소자인 콘덴서 및 저항 인덕트를 자동차 제조업체에 납품하는 M기업은 자동차와 관련된 최근 이슈(안전사고 예방 등)를 파악 후 고객의 실무부서에 안전사고 예방과 관련한 솔루션을 제안해 수주에 성공하였다.

자동차를 생산해 시장에 공급하는 B2C기업의 성공은 자동차 소비자들의 자동차 구매수준이 결정한다. 자동차를 구매하는 소비자들의 트렌드와 자동차에 대한 수요는 시대에 따라 변한다. 소비자들의 수요 트렌드 변화는 자동차 제조기업에게는 새로운 성공의 기회가 되기도 하지만, 위협이 되기도 한다. 자동차 제조기업은 자사 자동차를 더 많이 판매할 수 있는 기회가 확장되기를 바란다. 따라서 자동차 제조기업에 자사 제품(자동차 부품)을 판매하려는 공급시의 영업실무자는 자동차와 관련된 최종 소비사와 시상의 트렌드와 소비패턴의 변화를 영업의 기회로 활용할 수 있어야 한다. 고객의 비즈니스에 영향을 미치는 다음의 6개 분야에 대한 정보를 활용해 고객의 구매욕구를 자극하면 영업성공의 기회를 많이 확보할 수 있을 것이다.

① B2C기업 고객의 거시환경의 변화-자동차 소유 및 운행과 관련된 법규, 정책, 문화, 조세, 기술의 변화 등의 변화와 이러한 변화가 고객과 최종 소비자에게 미치는 영향

② 고객의 경쟁사 움직임은 고객사에게 새로운 전략적인 대응을 요구하고, 이 전략의 수행을 위해 새로운 도구(상품, 서비스)가 필요해진다.

③ 고객의 고객인 최종 소비자의 욕구의 변화와 구매력(협상력)은 고객의 매출에 영향을 미친다. 고객은 이러한 변화에 대응하고 자신의 고객을 유지 혹은 확보하기 위한 방법으로 새로운 제품 혹은 서비스를 개발하거나 구매해야 한다.

④ 고객의 기존 공급사(자사의 경쟁사)의 변화와 협상력은 새로운 공급사를 찾게 하는 계기를 만들어 준다.

⑤ 고객산업의 신규진입자의 출현은 경쟁이 치열해지게 만들고, 고객

의 경영목표달성에 부정적인 영향을 주고, 이 경쟁에서 이기기 위해 고객은 새로운 상품과 서비스를 필요로 하게 된다.

⑥ 고객 제품의 대체재는 기존고객의 이탈을 자극한다. 이에 대응하고자 고객은 새로운 제품을 개발하거나 서비스를 개발해 제공하기 위해 새로운 무엇인가를 구매해야 하는 필요가 발생한다.

⑦ 고객의 경영목표와 전략 및 실무부서의 업무목표와 달성수단 등에 대한 변화가 새로운 업무수행 도구(서비스, 부품, 기존제품의 대체, 새로운 제품 개발 등)의 필요를 자극하고 이러한 변화가 새로운 영업의 기회를 제공한다. 정리하면 영업실무자들은 고객의 경영환경에 영향을 미치는 요인들을 이해하고, 이러한 요인들의 변화가 고객으로 하여금 새로운 구매의 필요성을 자극한다는 것을 활용해 영업의 기회를 확장할 필요가 있다

성공 사례에서 배운 Action Idea

4

고객의 신뢰를 얻어라

　　　　　　　　　　　고객의 신뢰는 거래(영업) 성공의 핵심
이다. 영업실무자는 고객의 신뢰를 얻어야 영업에서 성과를 올릴 수 있
다. Morgan은 신뢰를 '상대방의 말이나 약속이 믿을 수 있고, 교환관계
에서 자신의 의무를 다 할 것이라는 믿음으로써 거래 상대방이 서로 협
력을 하고 의무와 책임을 다 할 것이라는 기대'라고 정의 하였다. 고객이
영업실무자와 공급사에 기대하는 것은 비용절감의 방법, 돈을 더 많이
벌 수 있는 방법, 업무수행을 잘 할 수 있는 방법, 자사의 경쟁력을 올릴
수 있는 방법에 대한 아이디어와 솔루션이다. 그리고 고객사의 구매실무
자는 구매한 솔루션으로 인해 상사나 조직으로부터 긍정적인 피드백을
받는 것이다. 영업실무자는 이러한 고객의 기대를 충족시켜줄 수 있을
때 고객의 신뢰를 얻을 수 있다. 다음의 사례를 통해 신뢰가 주는 이익을
확인해 볼 수 있다.

굴삭기용 기어박스 Mechanical Face Seal을 영업하는 스웨덴 기업 B사는 글로벌 건설기계 기업 V사와 매우 밀접한 비즈니스 관계다. 그런데 유독 B사의 한국 지사는 V사와의 거래실적이 미비한 상황이었다. B의 영업실무자 R은 그 원인이 V사와의 관계구축이 미흡하기 때문임을 깨닫고, 매주 V사의 기술연구소를 방문하여 실무자와 관계를 구축하고자 노력했다. 그러던 중 기어박스 sealing의 불량으로 V사의 기술연구소가 계속 고민하고 있음을 알게 되었다. 또한 기존 거래하던 업체가 V사의 경쟁사에 M&A되어, V사가 경쟁 기업과 거래를 해야 하는 상황이라는 것도 알게 되었다.

이에 영업실무자 R은 문제 해결을 위한 프로젝트를 제안했다. 그는 B사의 다른 공장에서 생산되는 재질로 만든 sealing은 아무 문제가 없음을 V사로부터 확인받았고, 본격적인 비즈니스로 진행되어 연간 20억 규모의 거래가 성사되었다.

위 성공사례를 통해 우리는 다음의 시사점을 얻을 수 있다.

① 고객의 비즈니스 관계 전반을 분석하라.
② 자사의 내부 역량을 최대한 활용하라.
③ 고객의 고민과 문제를 파악하라.
④ 고객의 문제를 해결할 수 있는 솔루션을 제안하라.
⑤ 고객의 요구에 대응할 수 있는 교차기능팀을 운영하라.
⑥ 영업상황에 대한 정보를 내부 이해관계 부서와 공유하라.
⑦ 고객사의 다양한 구매관계자들과의 관계구축을 통해 고객의 문제를 파악하라.

⑧ 고객이 가치를 결정하는 순간은 구매 후 제품을 사용할 때이다. 구매 후의 가치를 보장해주는 영업활동을 하라.

영업실무자는 고객과 신뢰구축을 위해 아래 원칙을 활용해야 한다.

① 커뮤니케이션 기회를 넓히고 유지하라.

② 기회가 포착되면 신속하게 대응하라.

③ 기대를 충족시켜라.

④ 일관성을 유지하고 행동으로 보여줘라.

⑤ 고객을 위해 희생을 하고 약속은 반드시 지켜라.

⑥ 창의적인 방법으로 솔루션을 개발하고 제안하라.

⑦ 근거자료와 숫자를 활용해 메시지의 신뢰성을 올려라.

⑧ 제안 내용이 고객의 업무에 도움이 된다는 것을 실제로 보여줘라.

⑨ 고객 특히 실무자에게 가시적인 성공을 안겨줘라.

⑩ 고객의 숨겨진 고민을 파악하고 솔루션을 제안하라.

성공 사례에서 배운 Action Idea

세일즈 리더십: 고객이 머무는 거래 특유의 자산을 구축하라

2014년 미국 애플 사에서 새로운 아이폰6를 개발해 출시 준비 중이라는 뉴스가 나오자 불과 1주일 후에 중국에서 짝퉁(복제품)이 나왔다. 과거 질레트 사가 마하3 삼중날 면도기를 개발하는데 7년간 10억달러를 투자해 시장에서 성공하자, 영국의 아스다 라는 유통업체에서는 이와 유사한 복제품을 만드는데 불과 2개월 밖에 걸리지 않았다(출처-마케팅에 집중하라, 김영사). 유통업체에서 특정 제품이 가격 경쟁력을 갖추면 다른 경쟁사에서 더 낮은 가격을 제시하는 데에는 불과 몇 시간 밖에 소요되지 않는다.

오늘날 기업의 경쟁력을 품질과 기술적 우위 그리고 제품의 가격으로 확보하려는 노력은 한계에 부딪쳤다. 하지만 기업은 끊임없이 매출과 이익을 확보하여야 한다. 이러한 상황에서 기업은 두 가지 분야에서 경쟁력을 갖추어야 한다. 하나는 애플의 아이튠즈와 애플 제품들 간의 상호호환성을 강화한 제품들 간의 융합을 통한 새로운 편리함과 이익을 제공하는 것이다. 이를 위해서는 IoT 와 같은 새로운 기술 간의 융합이 요구된다. 최근에 이슈화 되고 있는 4차 산업혁명-기계와 제품이 지능을 갖게 되고 이것들이 인터넷 네트워크로 연결되는-이 솔루션이 될 수 있다. 이제 생명공학과 기계 그리고 물리학 등의 융합을 통해 인간의 삶을 새로운 차원으로 이끌어 가고 있다. 기업이 이러한 기술적인 경쟁우위를 확보하지 않은 한 경쟁력을 갖추기는 어렵다. 하지만 이 역시 경쟁력의 지속성에는 한계를 갖게 된다. 기업이 갖추어야 할 두 번째 경쟁력은 영업 경쟁력으로 고객과 거래 특유의 자산(고객이 머물 수 밖에 없는 가치 제공과 관계구축)을 구축하는 것이다. 영업실무자들이 쌓은 고객과의 밀접한 관계는 그 어떤 것으로도 대체할 수 없다.

영업실무자들이 고객과 구축한 관계는 거래 특유의 자산이 되어 영업의 기회를 확장시킬 것이다. 영업실무자들이 고객과 구축하는 거래 특유 자산은 Human side측면과 Business side측면 두 가지가 있다. Human side측면은 고객과의 공감대 형성, 신뢰구축 등 인간관계의 강화이고, Business side측면은 고객의 비즈니스 성공(돈 버는 방법과 비용절감)을 지원하는 종합 솔루션을 제공하는 것이다.

영업실무자들은 시장에서 치열한 경쟁을 극복하고 매출과 이익이라는 성과를 달성해야 한다. 이를 위해 조직의 모든 기능은 영업을 지원해야 한다. 그리고 영업부문에 우수한 인력을 확보해야 한다. 이를 위해 다음을 실천하는 것이 필요하다.

① 조직의 최고 우수한 인재를 영업에 배치하라.

② 영업실무자들의 성과에 보상을 지불하라.

③ 영업실무자들의 역량을 개발해야 한다.

④ 영업실무자들에게 교차기능팀을 운영할 수 있는 권한을 주어라.

⑤ 조직의 모든 부서와 기능은 고객가치를 위해 존재하는 것이고 영업 조직을 지원하는 것이다.

⑥ 최고 경영자는 가장 많은 커뮤니케이션을 영업조직과 해야 한다.

최고 경영자가 최고의 영업실무자가 되어야 한다.

5

인간관계 이상의 관계를 구축하라

영업성과를 올리기 위한 영업실무자의 고객 설득 순서는 고객의 '흥미유발 – 관심유도 – 고민하게 만들기 – 검토하게 만들기 – 내부 보고하게 만들기'의 흐름이다. 이 흐름대로 고객을 설득하기 전에 가장 먼저 끌어내야 하는 고객의 반응은 영업실무자와의 공감대 형성 및 신뢰구축이다. 고객과 공감대를 형성하고 고객의 신뢰를 얻기 위해서는 고객이 필요로 하는, 고객이 만나고 싶어하는 영업실무자가 되는 것이다. 2009년 미국의 조사에 의하면 34%의 고객은 영업실무자의 목적 없는 방문, 시도 때도 없는 방문과 전화, 기대하지 않는 이메일에 부정적인 반응을 보인다는 결과를 보고하였다. 하지만 한국의 영업현실에서는 지나치게 업무중심적인 관계에 집중하기 보다는 인간적인 관계를 구축하는데 시간과 노력을 적절하게 사용해야 한다.

다음의 사례를 통해 고객을 설득하기 위한 인간관계 구축의 중요성을 다시 생각해보자.

저는 이름이 이전에 대통령을 지낸 김영삼 대통령과 한자까지도 같습니다. 그래서 인지 영업할 때는 고객분들이 기억을 잘 해 주십니다. 제가 담당하는 반도체 제품은 승인 기간이 길고(2-3년), 후발 주자로 고객사에 승인 및 판매 하기가 쉽지 않습니다.

제가 담당하는 반도체 제품인 솔더볼은 국산에 성공하였지만, 쉽게 반도체 엔지니어 분들이 잘 구매하지 않습니다. 이 사업을 하면서 실제 영업 인원중, 임원을 포함하여 5명이 모두 집에 갔습니다. (짤렸쇼) 5년 동안 매출이 없고, S선사에 신입을 하시 못하였기 때문에...

저는 제조만 15년을 한 상태라 제조와 영업을 병행하였고 영업하면서 힘들었던 것은 고개가 잘 안 숙여져서 애를 먹었습니다. 게다가 S전자, H기업 등 기타 반도체를 하는 회사에서는 구매담당자가 만나 주질 않아 매일 찾아가기로 하고 S전자(천안), H기업 (경기도 이천)을 밥 먹듯이 매일 방문하였고, 구매담당자 및 공정 엔지니어들이 질릴 정도 였습니다.

안되면 책을 사서 연구하고, 밥은 김밥으로 때우고, 한번 만나고, 두번 만나고, 이제는 기존 경쟁사들이 두려워하는 존재가 되었습니다. 혹자는 고객사 (하나마이크론 공정기술 팀장) 사원 교육 시 저희 회사와 저를 얘기 한답니다. 보기에는 멍청하게 생겼지만, 끈기하나는 배워야 된다고... 참 배고프면서 기다렸던 기억들, 그래도 지금은 고객사에서 밥도 사주고 잘 어울려 줍니다. 저는 참 영업을 모르지만, 신규 고객 확보를 하기 위해서는 돈, 정성, 시간, 그래도 추가를 한다면, 노력(끈기)이 꼭 필요하다고 봅니다.

위 사례의 영업실무자의 영업활동을 통해 우리는 다음의 몇 가지 시사

점을 얻을 수 있다.

① 아날로그 즉 영업1.0에서 필요한 태도가 영업성과에 긍정적인 영향을 미치기도 하지만 영업활동의 매몰비용이 과다하게 요구될 수 있다.

② 영업은 개인이 가진 태도, 지식, 기술의 종합예술이다. 영업성과를 올리는데 필요한 역량을 확보하라.

③ 영업성과는 인간관계와 비즈니스 관계의 결과이다.

④ 적극적이고 열정적인 태도에 지식과 기술이 더해지면 금상첨화의 영업실무자가 될 수 있다.

⑤ 영업실무자에게 필요한 지식은 고객이 구매를 해야 하는 이유, 고객의 비즈니스 상황과 문제, 자사가 해결해 줄 수 있는 문제, 자사가 지원이 가능한 목표달성, 고객의 구매 프로세스, 고객의 의사결정 시스템 등이다.

⑥ 영업실무자가 갖춰야 하는 기술은 관계구축, 설득, 니즈 발굴기술, 대화기술, 제안기술, 거절극복 기술, 공감대 형성 기술 등이다.

⑦ 고객의 구매 사이클에 맞는 영업활동이 요구된다. 고객 입장에서는 좋은 사람이 아니라 좋은 제품을 구매한다. 좋은 관계구축의 이면에는 좋은 제품(고객의 니즈를 충족시켜주는)이라는 신뢰를 얻어야 한다.

⑧ 고객의 구매 사이클에 영향을 미치는 세부적인 영업 전술이 필요하다. 고객은 자신이 필요할 때 구매를 한다. 따라서 좋은 관계를 구축한 후 고객의 구매관련 정보를 파악해야 한다.

A. 고객에게 자사 제품과 서비스가 필요한지?

B. 고객에게 구매계획은 있는지?

C. 고객의 구매절차는 어떻게 되는지?

D. 고객의 구매결정 시기는 언제이고, 누가 의사결정을 하는지?

⑨ 고객에게 좋은 사람이 되려는 노력만큼, 좋은 비즈니스 파트너가 되려는 노력도 해야 한다.

성공 사례에서 배운 Action Idea

6

영업의 기회를 확장하라-실무부서의 힘을
무시하지 마라

영업실무자는 고객사의 구매프로세
스와 구매관계자 전체를 파악하고, 구매과정에서 구매관계자의 역할에
맞는 영업활동을 전개할 수 있어야 한다. 특히 사전영업 활동(흥미유발, 고민
하게 만들기, 검토하게 만들기 등)을 통해 고객이 구매계획을 수립할 때 실무부서(
사용부서, 구매부서)의 역할이 매우 큰 비중을 차지한다는 사실을 알고 적극적
으로 관계를 맺고 공략을 해야 한다. 구매부서 담당자가 매우 중요한 영
업의 파트너이지만, 사용부서의 실무자 역시 고객사의 구매업무에 결정
적인 영향을 미친다. 다음의 사례를 통해 이 사실을 확인해 보자.

전기 기자재, 전력제품(변압기, 수배전반, 발전기, 모터 등)을 생산하는 공장 신
설을 추진하는 기업을 대상으로 영업활동을 하는 이수빈 씨, 영업을
하면서 고객사의 엔지니어들이 보여주는 기존 제품에 대한 선호와,
고객이 지방에 위치함에 따르는 방문의 어려움, 고객의 부정적인 반

응과 거부에 대한 적절한 대응을 하지 못하는 어려움을 겪고 있다. 어느 날 이수빈 씨는 기존 고객의 실무담당자로부터 F기업이 신규사업을 추진한다는 정보를 입수하고, 기존 고객의 실무담당자로부터 F기업의 기술담당자를 소개받고 미팅을 하였다. 이수빈 씨는 F기업의 신규사업 추진에 깊이 개입을 하기 위해 기술적인 멘토 역할 등을 적극 수행하면서 고객의 신규사업이 성공하도록 도왔다. 그 결과 신규 협력업체로 등록이 가능하였고 특히 기술부서 담당자가 구매부서에 추천하여 협상을 거친 후 계약에 성공하였다. 나중에 실질적으로 F기업의 기술부서에서 이수빈 씨 제품으로 구매결정을 하였고, 그에 따라 구매예산을 확보한 것을 알게 되었다.

위 사례를 통해 확인할 수 있는 성공적인 영업의 노하우는 다음과 같다.

① 실무부서를 통한 정보수집과 추천을 받는 것이 영업실무자의 영업 활동을 확장하는데 유용한 방법이다. 새로운 고객의 추천은 실무부서에서 발생한다.

② 실무부서의 업무지원은 고객기업의 두 가지 목표(매출/이익증가, 비용절감/업무효율)를 달성할 수 있는 솔루션을 제안하는 것이다. 실무부서가 목표달성을 위해 제품과 서비스를 구매하는 것은 투자다. 구매부서가 실무부서를 대신 해 구매하는 것은 비용이다. 영업실무자는 고객이 구매비용을 투자로 인식하도록 설득하기 위해서는 실무부서를 공략해야 한다.

③ 영업실무자의 고객지원 역량과 조직의 역량을 활용하여 고객의 비즈니스에 도움이 되는 공급 업체라는 것을 인지시키는데 모든 영업활동을 집중해야 한다. 고객은 자신들의 목적달성을 위해 필요한

제품이라는 확신이 들면 구매를 한다.

④ 실무부서를 공략해 구매요청을 하도록 하고, 구매계획을 수립하도
록 영업활동을 전개할 수 있어야 한다.

⑤ 고객이 필요할 때까지, 필요하도록 하는 노력과 영업활동이 필요
하다. 그리고 이를 위해서는 실무부서의 담당자와 고객의 업무와
관련해서 깊은 대화를 할 수 있는 전문적인 지식과 기술을 습득해
야 한다.

⑥ 고객사의 실무 담당자가 상사로부터 구매와 관련되어 긍정적인 평
가를 받도록 지원해야 한다. 구매를 통해 얻을 수 있는 가시적인
성공(구매 후 원하는 성과를 가시적으로 만드는)을 안겨주어야 한다.

위 사례에서는 실무부서의 중요성을 강조하였지만, 구매담당자 역시
중요한 파트너이다. 고객사의 구매부서는 실무부서의 요청에 의해 필요
할 때, 원하는 조건으로 구매를 한다. 구매부서는 영업의 이익 수준을 결
정하는 협상의 중요 파트너다. 영업실무자가 구매담당자와 좋은 관계를
형성하는 것은 구매관련 정보수집과 협상에 대비하기 위해서이다.

성공 사례에서 배운 Action Idea

세일즈 리더십: 영업조직의 효율성을 강화-경험학습 비용절감

경험은 최고의 학습기회이다. 경험은 그 어느 것으로도 대체할 수 없는 것이다. 하지만 경험을 통한 학습에는 많은 시간과 비용 그리고 시행착오가 요구된다. 효율성을 강조하는 영업조직의 입장에서는 경험에 의한 학습은 비효율적이다. 이제는 경험학습으로 영업실무자의 역량이 강화되고 영업조직의 경쟁력이 강화되기를 기다리는 것은 시대착오적인 생각이다. 경험학습의 비효율성을 극복하는 방법은 영업 시스템, 영업 시나리오 및 영업 매뉴얼을 구축하는 것이다.

경쟁조직의 영업실무자가 3년 혹은 5년 간의 경험에 의해 배우는 영업 스킬을 자사 영업실무자가 6개월 혹은 1년 만에 배운다면 어떤 결과가 초래될 것 같은가? 단축된 경험학습의 시간 동안 새로운 영업지식과 방법, 기술을 익힌다면 그 성과는 어떻게 바뀔 것 같은가? 영업실무자와 영업조직의 경험에 의한 학습시간을 단축하고 비용을 절감하는 비결은 자사에 맞는 영업 시스템과 영업 시나리오 및 영업 매뉴얼을 만드는 것이다. 누가, 어떤 경력을 가진 사람이 영업 업무를 시작해도 가장 빠른 시간에 영업 업무에 적응하고 성과를 올릴 수 있는 기본적이면서도 가장 중요한 영업 로드맵(매뉴얼)을 갖추는 것이 영업조직의 효율성을 올리는 가장 지혜로운 방법이다. 이 영업 매뉴얼에는 고객을 발굴하고 고객의 니즈를 추론하는 방법, 고객에게 가치 있는 솔루션을 개발하고 제안하는 방법, 고객의 구매상황에 맞는 영업활동을 기획하는 방법, 고객의 흥미를 유발하고 제안한 가치를 검토하게 하는 방법, 고객을 설득하는 방법, 고객과 협상을 지혜롭게 이끌어가는 방법, 고객의 저항과 거절 및 반대에 대처하는 방법, 제안서를 작성하는 방법, 고객과의 상담을 주도하는 방법 등 영업의 모든 상황에 대한 대응 시나리오가 포함되어야 한다.

경험학습의 시간과 비용을 줄이고, 시나리오가 갖춰진 매뉴얼에 충실한 영업을 해야 하는 또 다른 이유는 고객의 구매업무가 매뉴얼화 되고, 전략적 구매가 점점 강화되기 때문이다. 고객은 다양한 구매 시나리오를 검토하면서 자신들의 구매비용을 최소화 할 수 있는 방법으로 구매를 한다. 어쩌면 고객의 예기치 않은 행동과 제안요청 및 협상요구는 잘 짜인 구매 시나리오의 한 부분일 수 있다. 이러한 고객의 다양한 구매 시나리오에 대응할 수 있는 많은 노하우가 현재 조직내 영업조직과 영업실무자들에게 녹아 있다. 이 잠재된 노하우를 끌어내어 조직의 영업력을 강화할 수 있는 방법은 숨겨진 노하우를 매뉴얼로 만들고 시나리오로 만드는 것이다. 어쩌면 이것이 우수한 영업실무자를 데려오는 것보다 장기적으로 영업력 강화를 위한 최선의 방법이 될 것이다.

7

창의적인 가치 제안으로
새로운 블루고객과 시장을 창출하라

영업의 기회발굴을 위해서는 영업의
스펙트럼을 1차 고객에서 확장해 2,3차 고객까지 볼 수 있어야 한다. 자
사의 제품과 서비스를 통해 해결할 수 있는 문제를 갖고 있거나 제공하
는 가치를 필요로 하는 고객을 찾기 위해서는 시장과 고객에 대한 스펙
트럼을 넓게 가져야 한다. GE 사가 항공기 엔진을 개발하여 보잉 등의
항공기 제작사를 대상으로 영업을 하던 스펙트럼을 확장해, 항공 여객사
역시 중요한 고객이라는 것을 인식하고 항공 여객사가 항공기를 구매할
때 GE가 생산한 엔진을 선택하도록 하는 가치 제안(항공기 엔진 서비스 계약 등)
으로 더 많은 판매 기회를 가진 사례가 있다.

블루고객은 기존의 상품과 서비스로 해결할 수 없는 새로운 니즈를 가
진 틈새시장 중의 틈새시장이다. 다음의 사례를 통해 블루시장 개발의
방법을 알아보자.

국내 유수편의점 기업 2곳의 공동출자로 편의점의 택배접수 장비를 영업하는 V기업의 영업실무자인 B씨는 새로운 영업과 비즈니스 기회를 발굴하기 위해 노력하고 있다. 그러던 중 B씨는 국내 손해보험사 중 한 곳인 D기업을 통해 보험 가입자들이 보험가입 등의 서류를 팩스로 보낼 수 없어 불편해 하고, 이것이 D기업의 영업성과에 부정적인 영향을 미칠 뿐 아니라 고객들의 불만도 증가한다는 사실을 알게 되었다. 이에 B씨는 자사의 서비스 시스템에 D사의 고객들이 편의점에서 서류접수를 할 수 있도록 하는 업무제휴를 D사에 제안해 새로운 서비스를 출시하고 새로운 고객과 시장을 확보하였다.

위 사례를 통해 우리는 다음의 영업확장 방법을 알 수 있다.

① 다양한 시각으로 시장의 욕구를 파악하라. 영업의 기회는 고객 접점에 있다. 항상 고객의 비즈니스와 시장의 접점에서 발생하는 새로운 문제와 니즈를 발견하는 노력을 해야 한다.

② 자사 상품과 서비스의 특징과 장점을 파악하고 블루시장을 개척하라. 시장과 최종 소비자들의 소비패턴과 구매과정에 편리함을 제공할 수 있는 기회를 자사와 자사 제품과 서비스의 가치에 연결하라.

③ 사실(fact)에서 정보(information)를 끌어내고 영업의 기회로 만들어라. 우리가 접촉하고 인식하는 사실이 모두 영업의 기회는 되지 않는다. 하지만 영업의 기회는 이러한 사실에서 출발한다. 이는 인터넷을 통해, 대중 매체를 통해 언제든지 확인 가능하다. 영업실무자들은 이 사실로부터 자사의 제품으로 해결해 주거나, 충족시켜 줄 수 있는 고객의 니즈를 발견하여야 한다. 최근 가장 핫(hot)한 이슈가 4

차 산업혁명이다. 4차 혁명의 주요 기술은 인공지능(AI)과 가상현실(VR), IOT와 빅데이터다. 이것들은 분명한 사실이다. 이 4차 산업혁명은 기존의 기업들에게 엄청난 비즈니스의 기회를 제공한다.

④ 1차 고객과 2차 고객의 거래관계에서 비즈니스 모델(영업기회)을 발견하라. 고객과 소비자들은 항상 더 편리함을 추구한다. 1차 고객은 더 많은 2차 고객을 확보하기를, 2차 고객은 1차 고객으로부터의 더 편리하고 가치 지향적인 구매를 원한다. 이들 사이의 거래에서 발생하는 비용을 줄여주거나 새로운 비즈니스의 기회를 고객과 공동으로 개발하거나, 개발할 수 있는 가치를 발견해 제안하라.

⑤ 고객의 비즈니스 모델에서 발생하는 비용을 절감시켜 주어라. 완벽한 비즈니스 모델은 없다. 모든 비즈니스 모델에는 새로운 가치를 제안할 수 있는 혁신의 기회(비용을 줄이거나 더 많은 돈을 벌 수 있는 기회)가 있다. 이를 발견함으로써 새로운 영업의 기회를 확보할 수 있다.

성공 사례에서 배운 Action Idea

1. 영업 성공 사례에서 배우는 영업 스킬

8

고객을 습관화 시켜라

영업이 힘든 이유 중 하나가 고객(사용자)으로 하여금 지금까지의 생활이나 업무습관을 바꾸도록 설득해야 하기 때문이다. 경쟁사 혹은 경쟁브랜드를 사용하고 있는 고객을 자사의 제품을 사용하도록 설득하는 것이 어려운 이유가 여기에 있다. 물론 한 번도 사용해 보지 않은 고객에게 판매를 하는 것 역시 쉽지는 않다. 고객이나 소비자가 제품과 서비스의 구매를 위해 선택을 할 때 가장 쉽게 사용하는 것이 습관적인 구매를 한다는 것이다. 따라서 이러한 고객을 유치하기 위해서 영업실무자는 고객이 습관을 바꿀 때 겪게 되는 불편함이나 번거로움, 불안 등의 비용을 대체할 수 있는 가치를 제안해야 한다. 다음의 사례에서 습관이 가진 힘을 확인할 수 있다.

소프트웨어를 기업에 납품하는 영업실무자 J씨는 어느 기업으로부터 구매계획이 있다는 전화를 받았다. 고객은 본격적인 구매를 하기

78개 현장사례에서 배우는 Sales Leadership
영업실무자가 묻고 세일즈마스터가 답하다

전에 임시 라이선스로 시험 사용의 기회를 요청하였고, J씨는 3개월 간 시험 라이선스를 제공해 고객이 사용하도록 지원하였으나 3개월 이 지나도 고객은 정식 구매를 하지 않았다. 이에 J씨는 고객에게 본 사의 정책으로 더 이상 임시 라이선스를 제공할 수 없다는 것을 고 객에게 알렸다. 고객사의 실무부서에서 이에 불평을 하자, J씨는 구 매를 하면 본사와의 협의를 통해 그 동안의 지원을 계속 유지하도 록 노력하겠다고 제안하였지만, 고객사의 구매부서에는 그 동안의 지원에 대한 감사만 표하면서 구매결정을 하지 않았다. 이때 고객사 의 실무부서에서 소프트웨어에 대한 지원이 끊어져 업무수행에 차 질이 발생하였고, J씨의 소프트웨어를 3개월간의 사용으로 인한 습 관화로 새로운 소프트웨어 사용에 난색을 표하자 고객사의 구매부 서에서 구매를 결정하였다.

위 사례에서 알 수 있듯이 자사의 제품과 서비스에 고객을 습관화시키면 영업에 도움이 되는 유리한 작용을 한다. 다음의 방법들을 활용해 고객이 자사의 제품과 서비스에 습관이 들도록 영업의 방법을 바꾸고 강화하라.

① 제품과 서비스에 따라 사용 기회를 제공하라. 제품과 서비스의 가 치는 직접 사용해 보아야 한다. 따라서 고객을 습관화시키기 위한 출발은 고객이 직접 사용해 보도록 하는 것이다. 시연을 하든, 샘 플을 제공하든, 일정기간의 사용권한을 주는 등의 방법을 활용할 수 있을 것이다. 실제적인 방법은 기업들이 세일즈 프로모션으로 활용하는 시연, 시승, 시식, 샘플 제공 등이 있다.

② 고객의 구매부서를 공략하기 어려우면 실무부서와 사용부서를 통 해 구매를 결정하도록 하라. 그 다음에는 구매부의 업무목표를 지

원(구매비용 절감)해 주는 가치를 제안해 고객의 구매결정을 촉구할 수 있어야 한다.

③ 고객과의 거래에서 모든 문제를 영업실무자가 해결하려고 하지 마라. 특히 거래 조건과 관련된 부분은 회사의 적극적인 지원이 있어야 한다. 고객이 영업실무자와 업무를 진행하는 방법과 절차 역시 어느 정도는 습관적으로 일어난다. 고객의 구매업무를 자사의 영업 프로세스에 습관화시키는 것 역시 영업 경쟁력의 한 방법이다.

④ 고객이 제품이나 서비스를 더 많이 더 자주 사용하도록 지원하라. 이를 위해서는 제품과 서비스가 가진 기능과 편리함을 고객이 모두 알아야 한다. 언제, 어떤 상황에서, 누가, 어떻게 사용하고, 그 결과로 어떤 가치를 누릴 수 있는지를 알려야 한다. B2B고객의 경우 역시 제품의 완전한 사용으로 달성할 수 있는 업무목표, 해결할 수 있는 문제와 그 결과를 알려야 한다. 최근에 인기있는 SNS, 블로그 등을 활용해 정보를 공유하는 것도 유용한 방법이 된다.

⑤ 습관을 바꾸는 것의 가치를 충분히 알려라. 이를 위해서는 제품과 서비스를 사용했을 때의 가치를 가시적인 성공으로 알려서 고객 스스로 습관을 바꾸도록 설득할 필요가 있다.

A. 고객이 얻는 이익을 숫자로 표현하라.

B. 고객의 핫 이슈를 가시적인 성공과 연결시켜라.

C. 근거자료와 사례로 신뢰성을 강화하라.

D. 스토리로 전달하라

성공 사례에서 배운 Action Idea

1. 영업 성공 사례에서 배우는 영업 스킬

세일즈 리더십: 운전을 가르쳐 자동차를 팔아라

블루오션 시장을 발굴하는 방법 중 하나는 제품과 서비스를 제대로 사용하는 방법을 더 많은 고객과 소비자들에게 알려주는 것이다. 고객의 수요와 니즈는 정해져 있지 않다. 영업실무자는 자신의 제품과 서비스가 모든 고객에게 필요한 것이라고 믿되, 고객에 따라서는 니즈가 없거나 제품과 서비스에 대한 필요 자체가 없을 수도 있다. 따라서 B2B영업이든 B2C영업이든 영업을 하는 영업실무자는 자신의 로망대로 판매가 성공할 것이라는 기대를 버려야 한다. 고객은 자신에게 필요한 제품과 서비스를 구매한다. 고객과 소비자로 하여금 제품과 서비스를 필요하도록 하기 위한 방법 중 하나가 제품과 서비스를 사용할 수 있는 능력과 방법을 알려주는 것이다. 사용방법을 모르면 가치를 모를 것이고, 가치를 모르면 갖고 싶어하는 욕구도 일어나지 않는다. 가치를 알고 구매를 했는데 사용법을 잘 모른다면 고객은 떠나갈 것이다.

고객이 특정 제품과 서비스에 대한 필요를 갖지 않는 데는 몇 가지 이유가 있다. 제품과 서비스의 존재를 모르거나, 존재는 알지만 자신이 구매해야 할 필요를 느끼지 못하거나, 그 제품과 서비스의 가치를 모르기 때문이다. 자동차가 주는 편리함을 알더라도, 자동차를 구매하지 않는 이유 중 하나는 자동차를 운전할 수 없기 때문일 수 있다. 운전면허증이 없는 고객에게 자동차를 판매하는 가장 좋은 방법은 자동차를 운전할 수 있는 기술을 가르쳐 주는 것이다. 고객이 언제 어떤 상황에서 누구와 함께 자동차를 운전하면 어떤 이익과 편리함을 얻을 수 있는지를 알려야 한다. 고객이 더 많이, 더 자주 다양한 상황에서 자동차를 운전하는 것의 혜택을 알면 고객의 구매 욕구는 강화된다. 이는 곧 구매라는 행동으로 이어질 수 있다. 이는 제품과 서비스를 판매하는 영업실무자와 영업조직이 알아야 하는 또 하나의 판매 비결이다. 화장품을 팔기 위해서는 화장법을 가르쳐야 하고, 옷을 팔기 위해서는 옷을 입는 방법과 패션 스타일을 구성하는 방법을 알려야 한다(이로써 옷 가게 앞의 마네킹의 효과는 떨어진다). 기업 고객에게는 비용을 줄이는 방법과 더 많은 돈을 벌 수 있는 방법을 자사의 제품과 서비스로 알려주면 고객의 구매행동을 끌어낼 수 있다.

최근 대학생들 사이에 필수 어플리케이션인 애드투페이퍼는 대학생과 기업을 연결해주는 모바일 플랫폼의 비즈니스 모델이다. 애드투페이퍼는 기업에게는 대학생들을 대상으로 족집게 광고의 기회를 제공하고, 대학생들에게는 학습을 위해 필요한 프린터 비용을 절감시켜 준다. 기업에게는 일반적인 광고보다는 더 세분화된 고객들에게 기업이 접근할 수 있는 기회를 제공하고, 그에 대한 비용으로 대학생들의 프린팅 비용을 지원하는 비즈니스 모델이다. 최근 기업들이 소비자들을 대상으로 스스로 제품의 기능을 알아내고, 그 내용을 유튜브에 올리도록 하는 마케팅 역시 고객들을 가르쳐 구매하도록 하는 마케팅 전략으로 볼 수 있다. 상품과 서비스를 팔려고 시도하기 전에 고객과 소비자가 상품과 서비스를 필요로 하는지부터 확인을 해야 한다. 고객과 소비자가 필요를 느끼지 못한다면 흥미와 관심을 유발해 필요하도록 설득하여야 한다. 이를 달성하는 방법 중 하나가 고객과 소비자들이 제품과 서비스를 올바르게 사용하는 방법을 알려주는 것이다.

9

일관성으로 고객을 설득하라

고객을 설득하는 것은 영업실무자의 가장 궁극적인 목표이다. 영업의 최종 결과인 계약은 영업과정에서 작은 설득이 모여서 가능해진다. 영업실무자가 가치 제안으로 고객을 설득하지 못하면 가격을 깎아주거나, 영업의 기회를 잃어버린다. 로버트 치알디니는 설득의 원칙으로 '호감의 법칙', '사회적 증거의 법칙', '일관성의 법칙', '희소성의 법칙', '권위의 법칙', '상호성의 법칙'을 강조하였다. 다음의 사례에서 일관성이 있는 메시지가 가진 설득의 힘을 알아보자.

고객이 자사의 최고경영자와의 개인적인 관계를 강조하면서 가격 할인과 추가 서비스의 요청을 받은 영업실무자 오예진 씨. 고객의 요청이 무리하다는 것을 강조하였지만 고객은 계속 자신의 요구를 주장한다. 이에 오예진 씨는 회사 최고경영자에게 이 사실을 보고하자, 최고경영자는 회사의 정책과 규칙대로 진행하라는 지시를 하였다. 이에 오예진 씨가 고객에게 가격할인과 추가 서비스지원이 곤란하다고 다시 전하자, 고객은 자신이 오예진 씨 기업의 최고경영자와 직접 이야기를 하겠다고 하지 않는가. 이에 오예진 씨가 그렇게 하시라고 응답을 하였다. 그 후 일정기간 고객으로부터 연락이 없다가 1개월 후 다시 연락이 와서 처음의 제안대로 구매를 하였다.

위 사례에서 알 수 있듯이 일관된 태도와 메시지는 설득력이 있다. 이 원칙을 활용하기 위해서는 나음의 방법들을 생각해 볼 수 있다.

① 개인적인 관계의 힘에 흔들리지 않아야 한다. 고객과 자사 최고경영자의 개인적인 관계를 비즈니스 관계와 혼동해선 안 된다.

② 내부의 일관성 있는 반응과 메시지가 중요하다. 만일 최고경영자가 고객과의 개인적인 관계로 고객의 요구사항을 수용해주면 영업실무자로서는 더 이상 고객과 당당하게 영업활동을 할 수 없게 된다. 영업실무자에게 권한이 있다는 것을 고객에게 인식시키는 것은 앞으로의 영업활동에 큰 힘이 된다.

③ 적극적인 내부협의를 해야 한다. 영업실무자는 자신의 권한을 벗어난 고객의 요구에 대해서는 조직의 관계자(상사, 관련부서 등)와 협의를 하는 것을 철칙으로 삼아야 한다.

④ 영업실무자에게 주어진 권한의 한계를 지킬 것. 권한이 없거나 부족한 것은 영업실무자의 무능과는 상관이 없다. 조직 내부와 상의하지 않고, 자기 마음대로 결정하는 것이 무능한 것이다. 자신의 권한을 벗어난 고객의 요구를 조직 내부와 협의없이 수용하는 것은 자신의 유능함을 보여주는 것이 아니다. 이러한 일이 반복되면

1. 영업 성공 사례에서 배우는 영업 스킬

고객은 영업실무자의 권한를 과대평가하면서 무리한 요구를 계속하게 된다.

⑤ 최고경영자는 직원들이 조직을 믿고 당당하게 영업활동을 할 수 있도록 지원을 아끼지 말아야 한다. 영업실무자가 가장 원하는 지원이 무엇인지를 파악하고, 조직 전체가 영업실무자의 든든한 병참기지가 되도록 시스템을 구축해야 한다.

⑥ 고객은 기본적으로 2~3번은 영업실무자의 제안을 거부한다. 이를 영업의 실패로 받아들이지 마라. 고객의 거절은 오늘 구매하지 않겠다는 것이다. 내일이면 구매할 수도 있다. 고객은 필요한 것을 필요할 때 구매한다.

설득하기 전에 설득하라. 어떻게 이것이 가능할까? 고객이 자사 제품과 서비스에 대해 간절한 욕구를 갖도록 하면 가능하다. 영업실무자가 제안한 솔루션 외 다른 솔루션을 고려하지 않도록 하는 것이다. 이를 사전영업 혹은 구매결정 기준을 만들어주는 영업이라고도 한다. 때로는 고객이 인식하지 못한 니즈를 알려주어 고객으로 하여금 새로운 경쟁력을 갖도록 지원하는 것도 방법이 될 수 있다.

성공 사례에서 배운 Action Idea

10

—

남의 잔치에 편승하라 -
차려진 밥상에 숟가락을 얹어라

브랜드와 아울러 제품의 존재와 가치를 알려 고객의 흥미를 유발하는 것이 영업의 출발이다. 오늘날의 영업실무자는 영업활동에만 집중해서는 안 된다. 앞으로 경쟁력 있는 영업실무자는 영업활동과 마케팅 활동을 동시에 수행할 수 있어야 한다. 그리고 마케팅은 이제 마케팅 전공자만이 하는 업무가 아니게 되었다. 이제 시간, 공간 그리고 비용의 제한없이 얼마든지 SNS를 활용해 고객과 커뮤니케이션을 할 수 있는 시대인 것이다. 다음의 사례 역시 이를 잘 반영하고 있다.

국내 2위의 주류업체 영업실무자인 C씨는 영업활성화를 위한 프로모션 강화 기회를 모색하던 중 관할지역의 공공기관이 곧 다가오는 국제행사에 주민들의 적극적인 참여를 끌어내기 위한 고민을 하는 것을 파악하였다. 공공기관은 특별 행사에 주민들 10만 명을 모으려는데 마땅한 홍보방법을 찾지 못하고 있었던 것이다. 이에 영업실무자 C는 공동 프로모션으로 자신이 판매하는 주류의 병표면 빈 공간에 공공기관의 국제행사 안내 내용을 부착하는 것을 공공기관과 협의를 해 일정 부분의 지원을 확보하고, 각 음식점의 자사 포스터에 기관의 행사 내용 안내문을 추가해 홍보를 지원하는 전략을 펼쳤다. 결과는 애초 목표인 10만 명을 초과하는 시민들의 참여를 유도하여 공공기관의 고민도 해결해 주면서, 자사의 브랜드를 알리면서 매출도 올리는 성과를 가져왔다.

브랜드 홍보를 직접 하는 방법도 있지만, 공동으로 혹은 다른 조직의 행사에 자사의 브랜드를 알리는 방법도 있다. 2002년에 개최된 한일 월드컵의 공식 후원사가 SK텔레콤과 KT 중 어느 기업이 월드컵의 공식 후원기업이었는지 아는가? 꽤 많은 금액을 후원금으로 지불한 기업은 KT였다. KT는 'KTF(Korea Team Fighting)'라는 구호로 홍보를 하였다. 그러나 후원기업 선정에서 탈락한 SK텔레콤은 붉은 악마를 후원하면서 'Be the Red's'라는 구호로 마케팅을 하였다. 붉은 악마의 인기가 어느 정도였는지는 잘 알 것이다. 이러한 방법을 매복 마케팅 또는 앰부시 마케팅(ambush marketing)이라고 한다. 남의 잔치에 편승해 많은 돈을 들이지 않고 효과적으로 자사 브랜드를 홍보하는 것이다. 이러한 방법을 활용하기 위해서는 다음의 몇 가지 원칙을 따라야 한다.

① 남의 잔치에 편승하라. 그들이 놓치고 있는 기회를 잡아야 한다. 월드컵에서 가장 큰 힘을 발휘하는 것이 응원이라는 것을 간파한 SK텔레콤과 같이, 이용할 수 있는 누군가의 행사, 이벤트, 축제 등에 자사 제품과 브랜드를 알리는 기회를 확보하라.

② 고객의 자발적인 참여를 유도하면서 자사 브랜드를 알려라. 자사의

홍보와 마케팅 활동을 고객이 인식하지 못하도록 하는 것이다. 고객의 참여를 보다 빛내거나, 적극적인 참여를 할 수 있는 도구나 방법을 함께 고민하는 것도 좋은 방법이다.

③ 자사의 네트워크, 자원을 활용하라. 남의 잔치에 편승하더라도 새로운 도구를 개발하는 데는 비용이 든다. 이미 있는 도구를 활용하는 것이 좋다. 필자는 산업교육 프로그램을 영업할 때 연간 산업교육 전시회에서 전시회에 참석한 기업의 교육 담당자들에게 자사 쇼핑봉투를 배포해 브랜드를 알린 경험이 있다.

④ 장기적인 영업의 기회도 확보하라. 대부분의 B2B영업은 단기에 일어나는 것이 아니다. 즉, 고객은 영업실무자가 원할 때 구매하지 않고 자신이 필요할 때 구매한다. 따라서 영업실무자는 판매하고자 하는 시점과 구매시점의 차이를 파악하고 극복할 수 있어야 한다.

⑤ 공동 프로모션의 기회를 잡아라. 현재의 시장과 고객에 한정하지 마라. 넓은 시각으로 활용할 수 있는 기회를 발견하도록 하라. 자사의 1차 고객이 아닌 최종 소비자와 시장에서 고객발굴의 기회를 발견할 수도 있다.

성공 사례에서 배운 Action Idea

11

—

고객의 숨겨진 고민을 해결해 줘라

영업의 기회는 지금 만나는 고객에게도 있지만, 지금 만나는 고객의 소개 혹은 추천으로도 확보할 수 있다. 고객은 영업실무자에게 많은 것을 바라지는 않는다. B2B고객은 더 많은 돈을 벌 수 있는 기회와 비용을 줄이는 기회를 알려주기를 바란다. B2C고객은 생활의 풍요로움과 자신을 나타낼 수 있는 무엇인가를 제안해 주기를 바란다. 영업실무자를 통해 어떤 도움이라도 받은 고객은 언제든 그에 상응하는 보상을 한다. 고객이 가진 문제가 영업실무자가 판매하려는 제품과 상관이 없더라도 도움을 줄 수 있으면 도움을 주는 것이 좋은 관계와 영업의 성과로 이어질 수 있다. 다음의 사례를 한번 보자.

제약영업을 하는 영업실무자 G씨, 신입 영업실무자인지라 병원을 찾아가 고객과 상담을 하는데 어려움을 겪고 있다. 그래서 간호사들에게는 커피를 사주는 등의 방법을 사용했지만 별 반응을 끌어내지 못하고 있었다. 또 다른 고객인 의사들과의 대화에서는 전문지식의 부족으로 한계를 느끼던 중, 의사와 병원의 고민 중 하나가 건강보험심사평가원의 승인을 받는 것임을 파악할 수 있었다. 이에 영업실무자 G씨는 다른 병원들과의 접촉에서 알아낸 승인관련 정보를 정리해 공유하는 방법을 활용하여 고객들의 긍정적인 반응을 얻어내고, 새로운 고객(전문분야에서 전국 2위를 하는 병원)을 소개받아 거래를 성사시킬 수 있었다.

고객의 불편함은 고객을 설득하거나, 고객으로부터 도움을 얻거나, 영업실무자의 능력과 태도를 보여줄 수 있는 좋은 기회가 된다. 지금 만나는 고객에게 자사의 상품만 판매하려는 시도는 고객으로 하여금 뒷걸음치게 하지만, 고객의 문제와 불편함을 해결해 주는 제안은 고객의 마음을 얻을 수 있다. 고객은 자신이 어떻게 영업실무자를 도와줄 수 있는지 알고 있지만 그것을 영업실무자에게 먼저 말하지 않는다. 방법은 고객 스스로 영업실무자를 도와주고 싶도록 해야 한다.

① 고객에게 병행적인 가치를 제공하라. 제품과 서비스에 추가적인 서비스와 지원을 얻어 가치를 강화하라. 제품과 서비스 사용과 관련된 직접적인 문제와 간접적 혹은 파생적으로 발생하는 고객의 문제를 해결할 수 있는 솔루션을 제안하라.
② 고객이 말하지 않은 니즈를 발견하라. 현장의 정보를 적극적으로 활용해 영업의 도구로 사용하라. 고객과의 소통의 접점을 확장해 고객의 숨겨진 문제와 욕구를 파악하라. B2B고객의 니즈는 구매부에서만 발생하는 것이 아니다. 따라서 공략 대상도 구매부만이

아니다.

③ 영업도구를 다양화하고 이를 활용해 고객을 적극적으로 도와주어야 한다. 영업실무자가 고객에게 가치를 제안할 수 있는 도구, 능력, 기술, 정보 등을 많이 가질수록 고객을 다양하게 도와줄 수 있고, 고객을 설득할 수 있는 기회를 많이 확보할 수 있다. 이러한 도구를 효과적으로 활용하기 위해서 영업실무자는 사회적인 네트워크와 휴먼 네트워크를 다양하게 확장할 필요가 있다. 제품과 서비스 외 고객을 도와줄 수 있는 자기만의 독특한 능력을 키워야 한다. 자신이 그 능력을 갖지 않더라도 그러한 능력을 가진 누군가를 알고 있어도 된다.

성공 사례에서 배운 Action Idea

세일즈 리더십: 설득력 강화 – 고객의 언어를 사용하라

설득을 잘 하고 싶은 것은 모든 영업실무자들이 갖기를 원하는 능력이다. 키케로는 "당신이 나를 설득하고자 한다면 반드시 나의 생각을 생각하고, 나의 느낌을 느끼고, 나의 말을 해야 한다."고 하였다. 소크라테스는 "목수와 이야기를 나누려면 목수의 언어를 알아야 한다."는 말을 하였다. 내가 말을 잘 한다고 설득을 잘하는 것은 아니다. 특히, 비즈니스 계약을 해야 하는 영업상황에서 영업실무자의 설득능력은 곧 영업의 성과를 결정한다고 볼 수 있다.

고객의 언어를 발견하고 사용하기 위해서는

먼저, 고객의 비즈니스에 깊이 침투해야 한다. 자사의 상품과 서비스가 고객의 비즈니스와 업무를 어떻게 도와줄 수 있는지를 알아야 한다. 고객이 원하는 전문성을 갖춘 영업실무자는 고객의 비즈니스와 업무에 대해 새로운 통찰(비용을 절감할 수 있는 방법)을 알려주는 영업실무자이다.

둘째, 고객의 비즈니스와 관련된 시대정신을 알아야 한다. 고객이 기대하는 또 하나의 통찰(더 많은 돈을 벌 수 있는 기회를 발견하는데 도움을 주는)을 제공해 주기 위해서는 고객 비즈니스의 현재와 미래 방향성에 대한 공감대를 형성해야 한다. 이를 통해 늘 고객의 비즈니스에 관심을 갖고 있고, 고객과 함께 호흡한다는 것을 알려주어야 한다.

셋째, 고객의 눈높이에 맞추는 것이다. 고객의 구매의사결정 과정에서 구매결정권자인 임원이나 CEO가 기대하는 메시지와 제품과 서비스를 직접 사용하는 사용자가 기대하는 메시지, 그리고 구매과정에 영향력을 발휘하는 관계자들이 기대하는 메시지는 다르다. 하지만 영업실무자가 고객에게 제공하는 제안서 등의 내용은 대상에 관계없이 모두 똑같다.

고객과 직접 대화를 할 때도 똑같은 메시지를 사용한다. 구매결정권자들은 대부분 큰 그림(더 나은 비즈니스 기회발견, 새로운 시장개척 등)에 관심을 갖지만, 사용자들은 현재 자신의 업무와 조직생활에 도움이 되는 실제적인 메시지를 원한다.

넷째, 고객에게 메시지를 전할 때 가급적 숫자를 많이 활용하는 것이다. 숫자는 생각보다 훨씬 설득력이 있고 강력한 영향력을 발휘한다. 숫자는 고객이 누리는 가치에 대한 확신을 더 강하게 만들어 준다. 숫자는 오해의 소지를 없앤다.

다섯째, 고객의 숨겨진 핫 버튼을 찾아야 한다. 고객은 자신의 숨겨진 욕구(핫 버튼)가 충족됨을 확신할 때, 구매를 위한 행동을 한다. 영업실무자는 숨겨진 고객의 욕구를 발견하고, 욕구 충족의 결과 고객이 누릴 수 있는 혜택을 한 단어 혹은 한 문장으로 전달할 수 있어야 한다. 돋보기는 햇볕의 초점을 맞추기 전까지 아무 것도 태우지 못한다. 고객에게 많은 메시지를 제안하는 것보다 고객이 원하는 가치(솔루션)를 제안할 수 있어야 한다.

12

실무자의 마음을 얻어라 –
어떤 고객이라도 소홀하게 대하지 마라

영업의 기회는 항상 정도(正道)에서 발생하지는 않는다. 예기치 않는 상황에 의해서 큰 비즈니스 기회가 생기기도 한다. 직접적인 고객이 아니더라도 영업 기회를 만들 수가 있다. 따라서 영업실무자는 '어떤 상황에서든 만나는 모든 사람이 직접 고객이다.' 란 생각으로 대화하고 관계를 형성해야 한다. 모든 접점의 고객이 영업의 기회가 된다는 것을 인식하고 활용해야 한다. 아래 사례를 통해 그것의 가치를 알 수 있을 것이다.

산업용 테이프와 일반 포장용 테이프를 영업하는 영업실무자 S씨. 어느 날 고객으로부터 산업용 제품에 사용되는 도금용 테이프에 대한 문의가 왔다. 대화를 해 본 결과 거래규모가 작아서 마땅한 공급업체를 찾기가 어렵다는 고민을 듣게 되었다. S씨 역시 거래 규모로 보아 고객사의 규모가 작고, 또 문의를 해 온 고객의 직급이 과장이라 큰 기대를 하지 않은 상태에서 고객사의 근처에 일을 보러 갔다가 고객을 방문하였다. S씨가 만난 고객은 직급은 과장이지만 나이가 50대쯤 되어 보이고, 경험이 다양하고 기술적인 실무자라 주변의 지인들이 많을 것으로 생각해 성의껏 상담을 하고 고객의 어려움을 해결해 주려는 노력을 하였다. 그 후 이 고객과의 거래를 성사시켰고 계속 좋은 관계를 유지하고 지원을 해 주자, 고객으로부터 많은 소개가 이어지고 해당 제품의 매출이 연간 50%씩 성장을 하게 되었다. 그리고 영업실무자 S씨는 이 아이템에 대해서 자사 내에서 최고 전문가가 되었다.

고객의 진정한 가치는 거래를 하기 전에는 모른다. 그리고 고객과의 진정한 관계는 고객이 구매한 다음부터 시작된다. 거래관계를 형성하기 전의 관계구축 노력과 구매 후의 관계구축 노력에는 일관성이 있어야 한다. 한 조사에 의하면 고객들이 영업실무자들에게 가진 불만 중 하나가 거래를 하기 전에는 뻔질나게 연락을 하고 방문을 하던 것이 구매를 한 후에는 소홀하거나 대화의 기회가 줄어든다는 것이다. 고객 한 명, 한 명을 소중하게 대해야 한다. 다음의 방법으로 고객의 마음을 얻어라.

① 더 많은 영업은 영업의 기회를 원한다면 실무자의 파트너가 되어야 한다. B2B영업실무자는 구매부에 정성을 기울이는 만큼, 사용부서의 실무자에게도 정성을 기울여야 한다. 사용부서인 실무부서의 영향력을 무시해서는 안 된다. 실무부서의 문제해결 지원은 곧 바로 구매로 이어진다. 그리고 B2B고객의 추천은 대부분 사용부서를 통해서 일어난다.

② 작은 요구에 적극적으로 대응하라. 고객은 가장 좋은 영업자원이다. 고객을 통해 영업은 성과를 달성한다. 설령 고객이 기대 이하의 구매를 하더라도 영업실무자는 이 거래와 고객을 소홀하게 대해서는 안된다.

③ 고객의 역량을 미리 판단하지 마라. 고객의 구매력과 네트워크는 영업실무자가 알 수 없다. 비가 오는 날 장대비를 피해 가구점에 들어선 노인에게 친절을 베푼 가구점에 노인의 아들인 강철왕 카네기가 가구를 대량으로 구매해 준 것을 기억해야 한다.

④ 영업의 기회는 정해져 있지 않다. 지금 당신 맞은편에 앉아 있는 사람이 당신이 만나러 가는 고객일 수 있다. 영업을 위해 만나는 고객에게만 잘 해주지 마라. 경비원도, 다른 부서의 직원도 영업실무자의 영업성과달성에 영향을 미칠 수 있다.

⑤ 고객을 위한 일에는 우선순위가 없다. 고객의 가치를 거래규모로 판단해서는 안 된다. 고객은 그 존재 자체로 영업실무자에게는 소중한 자원이다. 영업실무자는 자신이 만나는 모든 사람들이 고객이라는 생각을 가져야 한다. 하물며 제품을 구매하겠다는 고객에게는 …

성공 사례에서 배운 Action Idea

13

—

교차판매의 기회를 활용하라

영업실무자가 고객에게 판매하는 것은 자사가 생산하는 제품 만이 아니다. 영업실무자는 자사의 제품 외 자사의 모든 역량을 함께 판매하는 것이다. 이미 생산된 제품, 개발중인 제품, 자사가 가진 기술력과 외부 활용가능한 기술, 그리고 외부기업과 협업이 가능한 조직의 문화와 리더십 등 모두 영업실무자가 판매할 수 있는 것이다. 다음의 사례를 통해 이러한 사실을 알 수 있다.

당사의 경우는 해외의 생산공장에서 장비를 수입하여 판매하는 외국계 기업입니다. 그렇다 보니 국내의 경쟁업체에 비해서 장비의 금액이 비쌀 수밖에 없습니다. 가격이 약 2배 이상 차이가 납니다.
또한, 제가 판매하는 장비는 대부분 자동차의 생산공정에 필요한 장비이고, 고객은 항상 원가절감의 이유로 장비 금액에 대한 불평이 많다 보니 영업을 하기가 힘듭니다. 처음에는 장비를 판매할 경우에 경쟁업체와 큰 금액차이로 인해서 좌절도 많이 하였고, 금액이 너무 비싸다는 이유로 회사에 항의도 하였습니다.

하지만 최근 들어서는 '당사에서 판매할 수 있는 것이 무엇인가? 꼭 내가 장비만을 판매하는 것인가?' 라고 생각을 해 보았습니다. 사실 저에게는 비싼 장비 이외에도 판매할 수 있는 것들이 많았습니다. 당사의 기술 노하우, 자동차 관련 트렌드 정보, 인맥 등… 장비가격이라는 한 가지에 국한되어서 판매하지 못한다는 것은 핑계에 불과하였습니다. 이러한 나른 요소들을 가시고 고객과 밀당(?)을 하면서 영업이라는 업무의 매력을 알게 되고, 제 매출도 점점 늘어났습니다. 물론 지금도 어려운 부분이 많지만, 포기하지 않고 열심히 제 자신을 영업하고 있습니다.

고객이 듣고 싶어하는 메시지는 고객의 문제를 해결하거나 원하는 목표를 달성할 수 있는 솔루션이다. 이 솔루션은 제품 만으로 구성되지 않는다. 고객에게 매력적인 솔루션을 제안하기 위해서 영업실무자는 조직 내부의 모든 역량과 활용가능한 외부의 기술을 활용해야 한다. 영업실무자의 역량은 이 모든 자원을 얼마나 효율적으로 활용하는가에 달렸다. 조직의 영업관련 리더십과 업무 시스템도 이를 적극 지원할 수 있도록 혁신해야 한다. 영업실무자는 다음의 방법들을 활용해 더 많은 판매 기회를 확보하기 바란다.

① 자사의 역량을 정확히 파악하라. 이를 통해 고객을 위한 가치를 개발하고, 니즈를 충족시킬 솔루션을 개발해야 한다. 이를 위해 모든 관련 부서와 원활한 소통 관계를 형성해야 한다.

② 필요하다면 조직 외부도 활용할 수 있어야 한다. 고객에게 맞는 솔루션 개발을 위해 경쟁사와도 협력 할 수 있어야 한다.

③ 고객의 니즈는 다양하다. B2B고객의 니즈는 크게 경영, 상품, 업무 니즈(구매부서, 사용부서)로 구성된다. 그리고 구매담당자든 실무담당자든 개인적인 니즈(영향력, 권위, 안전, 안정, 인간관계, 인정 등)가 있다.

④ 서비스도 제품이다. 고가의 의료장비를 생산해 병원과 진료기관에 판매를 한 후 서비스 계약으로 돈을 번 GE의 사례처럼, 고객에게 가치 있는 서비스를 영업실무자가 제안할 수 있어야 한다.

⑤ 가격이 비싸다는 것은 고객의 주관적인 판단이다. 그리고 가격문제는 근본적으로 고객이 해결하는 것이다. 영업실무자의 첫 번째 역할은 제품의 가치를 알려 고객의 구매욕구를 자극하는 것이다. 충분한 구매욕구의 자극은 구매결정을 이끌어 낸다. 가격에 대한 저항을 극복하는 것은 가격을 넘어선 가치를 알리는 것이다.

⑥ 가격 문제를 자신의 어깨에 지지마라. 고객이 가격문제를 해결해 달라고 요청 할 때까지 가격을 건드리거나 깎아주지 마라. 가격문제는 고객이 해결하도록 하고, 고객이 도움을 요청한다면 협상/흥정으로 해결할 수 있어야 한다.

성공 사례에서 배운 Action Idea

14

—

고객과 공감대를 형성하라

고객과 공감대를 형성하는 것은 영업실무자가 통과해야 하는 첫 관문이다. 잘 형성된 공감대는 다음의 미팅을 기대할 수 있고, 다시 만났을 때 대화를 나눌 수 있는 공통의 대화 소재가 있다는 것이다. 다음의 경험 사례를 통해 공감대 형성의 중요성을 알 수 있다.

저는 K반도체라는 반도체 유통업체에 소속되어 LED 제품을 현대자동차 2차 협력사에 개발, 유통 영업을 하고 있는 전00입니다. 2012년도 처음 이 회사에 첫 직장으로 입사하게 되어 어느 덧 5년 차가 되었고, 대리의 직급을 달게 되었습니다. 처음 직장생활을 하게 되면서 사회생활에 대한 낯설음이 영업이라는 업무 내용으로 인하여 더욱 힘들었습니다.

저희 업무는 대략적으로 고객사 연구소에 방문해 신규 차종에 적용되는 LED를 개발 적용시키며, 적용시 차종이 단종 될 때까지 제품 유통을 하는 구조입니다. 업무에서 가장 어려웠던 점은 처음 만나는 사람과 대화를 해야 하는 점과 이 사람에게 우리의 제품을 홍보하고 사용하게끔 해야 한다는 것으로 심리적인 압박감이 상당하였습니다. 다행히 기존 거래업체로 신규 차종 개발시 샘플 요청이 있어서 담당자와 만나는 횟수는 점차 증가되었습니다.

하지만 여러 담당자들의 성향이 모두 달라 보였고, 개발 진행시 업무 전개가 지연지는 경우, 담당자와의 관계가 껄끄러워지기도 하였습니다. 간혹 업체 방문 스케줄을 잡고도 담당자와의 미팅이 두려워 연구소 앞에서 차를 돌리는 경우도 있었습니다. 1년, 2년이 지나고 다행히 담당업체와의 프로젝트를 여러 건 성사시켰고, 반복되는 업무가 진행되는 만큼 담당자와의 만남은 자연스러워졌습니다. 3년이 지날 무렵 문득 고객과 이야기를 하는 도중에 스포츠(운동) 이야기가 나왔습니다. 저는 체육을 전공하고 취미로 축구 및 야구를 즐기고 있었기 때문에 자연스러운 이야기가 진행되었고 운동을 좋아하는 담당자와는 공감대가 형성되는 계기가 되었습니다. 작년부터는 매주 수요일 고객사 축구모임에 나가게 되었고, 몇몇 담당자들이 참가하는 사회인 야구팀에도 가입하여 같이 운동을 하게 되었습니다. 사람 각자의 관심사를 계기로 업무 중심의 만남에서 미팅시 사적인 대화도 많이 늘게 되었습니다.

모든 사람이 상기 케이스에 적용될 수는 없는지라 아직도 대화를 지속하는 데에 어려움이 있는 사람도 많이 있습니다. 이번 교육에 참여한 계기는 고객과의 대화하는 법을 찾기 위해서 신청을 하게 되었습니다. "물어라!" 이 한 마디가 아직도 기억에 각인되어 있습니다. 제 자신의 필터로 인하여 두려움을 느끼기 보다는 당당하게 그들이 필요한 부분과 또 왜 안 되는지 당당하게 물으려고 합니다!

강의시 또 한 가지. 영업에 대해서는 막상 제가 종사하는 직종이지만 정의를 내리거나 깊게 생각해 본 적이 없었던 것 같습니다. 막연히 내 일이고 생계수단으로서의 일로만 생각을 해 왔었는데... 교육을 통하여 영업에 대해서 세부적인 부분에 대하여 고찰하고 목표를 달성하기 위한 전략을 세우는 내용이 인상 깊었습니다. 영업이라는 부분이 한 직종이 아닌 모든 입무 요소에 공통직으로 가미되어 있는 한 업무형태인 것 같습니다.

앞으로도 지금의 일을 하거나, 다른 새로운 일을 하더라도 이번 교육에서 배우고 고민했었던 내용들이 많은 도움이 될 것 같습니다. 다양하게 사고할 수 있는 계기를 마련해 주신 것 같습니다. 열정적인 강의를 베풀어 주셔서 감사드립니다.

고객과 공감대를 형성하는 일은 어려운 일이 결코 아니다. 다만 그 방법을 모르기 때문이 어렵게 느껴지는 것이다. 다음의 방법을 활용하면 보다 쉽게 고객과 공감대를 형성할 수 있을 것이다.

① 고객과의 공감대 형성을 원한다면 커뮤니케이션 방법을 바꿔라. 고객이든 고객이 아니든 상대방과 대화를 잘 하는 방법은 이야기를 많이 하는 것이 아니라 잘 듣는 것이다. 하지만 대부분의 영업 실무자들은 이야기를 재미나게 많이 해야 한다고 생각을 한다. 따라서 대부분 일방통행식의 대화를 한다. 대화는 주고받는 것이다. 가장 이상적인 대화는 7:3으로 대화의 비중을 맞추는 것이다. 7은

상대방이 말을 하는 것이고, 3은 영업실무자가 말을 하는 것이다. 말을 많이 하였다고 공감대가 형성되는 것은 아니다.

② 고객에게 순수한 관심을 보이고, 고객의 관심사에 대해 이야기 하라. 대화를 주도하는 방법은 상대방과 관련된 이야기를 많이 하는 것이다. 이를 위해서는 잘 듣는 기술이 필요하다. 잘 듣는 기술의 핵심은 언어적인 경청을 하는 것이다. 잘 듣는 태도를 가지면, 고객이 상담의 70%를 이야기하도록 할 수 있고, 이때 고객이 마음을 얻을 수 있다.

③ 언어적인 경청은 행동으로 보여주는 경청과는 다르다. 행동으로 보여주는 경청에는 눈 마주치기, 공감적 표현하기, 끼어들지 않기, 메모하기 등이 있다. 이 행동으로 하는 경청에 언어로 하는 경청을 가미해야 한다. 언어적인 경청에는 질문하기, 요약하기, 환원하기, 미끼던지기, 구체화시키기 등의 방법이 있다. 고객이 표현한 메시지의 이면을 파악하고, 오해의 소재를 없애며, 공감대 형성과 신뢰 구축을 하면서 대화를 주도하는 능력은 언어로 하는 경청이다.

④ 공감대 형성을 위한 준비를 하라. 처음 고객을 만날 때는 서로에 대해 아는 것이 별로 없다. 그래서 대화를 잘못 이끌면 서먹하고 어색한 분위기가 만들어진다. 고객을 처음 만날 때 영업실무자는 가벼운 대화로 시작할 수 있는 대화의 소재를 많이 준비해야 한다. 이 대화의 소재에는 다음의 것들이 있다.

    A. 개인적인 대화의 소재 : 이름, 취미, 고향, 사는 곳, 좋아하는 음식, 가족관계, 최근의 성취, 여행 등

    B. 비즈니스와 관련된 대화의 소재 : 거시환경의 변화, 기술적인 움직임, 시장과 고객의 트렌드, 경쟁상황, 고객의 업무관련

이슈 등

C. 기타 활용가능한 대화의 소재 : 회사의 위치, 로비에 있는 카탈로그나 회사 안내책자, 최근 고객기업의 동향, 벽에 걸린 상패 혹은 플랭카드 등

영업실무자는 위와 같은 다양한 소재를 준비한 후 고객을 만나야한다. 첫 미팅에서 형성되는 공감대의 수준은 다음의 영업활동을 위한 기회를 확보하는데 매우 중요한 역할을 한다.

성공 사례에서 배운 Action Idea

15

매력적인 세일즈 톡(Sales Talk)으로
고객의 마음을 움직여라

영업실무자가 고객과 상담을 할 때 제안으로 가장 먼저 끌어내야 하는 것은 고객의 흥미와 관심이다. 고객은 영업실무자의 제안에 대해 흥미와 관심이 생겨야 검토라는 단계로 진입하거나 혹은 구매를 고민한다. 따라서 고객의 흥미와 관심을 끌어내지 못하는 상담은 상담으로 그친다. 고객이 흥미와 관심을 갖도록 하는 매력적인 메시지의 힘을 다음의 사례에서 확인할 수 있다.

지방의 도시철도에서 역사(驛舍) 내 광고영업을 하는 영업실무자 X씨, 여러가지 광고 매체 중 부가 역명을 알리는 광고가 최고의 가성비 광고매체이며, 계속해서 재판매가 이루어지는 매체라는 확신을 갖고 있다. 또한 고객 입장에서도 한 번 계약으로 3년간 홍보걱정이 없는 매체이자 거래조건이다. 한 번 계약시 3년이 진행되기 때문이다. 영업실무자의 이야기를 들어보자.

"모든 영업실무자들의 관심이 집중된 지역의 역 중 하나가 00역이었습니다. 때마침 2015년 6월 그 역 부근에 대형병원이 개원을 하게 되었습니다. 그래서 저는 해당병원 홍보실에 방문하였습니다. 그러나 돌아오는 대답은 홍보비 예산 집행이 끝났으니 내년에 오라는 겁니다. 하지만 저는 그냥 시간 날 때마다 방문하여 음료수도 나눠 마시고 간식도 함께 하며 1달을 지냈습니다. 그러자 홍보팀 직원이 원무과장을 소개시켜 주었습니다. 저는 부가 역명 이야기는 하지 않고 병원이 빠른 시간에 자리잡는 방안을 고민하고 이야기를 나누었습니다. 그래서 그 방법으로 병원의 홍보가 제일 중요하는 결론을 도출할 수 있었습니다. 거기에는 지하철 안내방송시 부가역명으로 병원이름을 알리는 것도 포함되었습니다. 총 2달의 시간을 함께 보낸 끝에 광고계약을 체결하였습니다.

특히 저는 원장님을 만난 자리에서 매력적인 Sales Talk를 하였습니다.
  '원장님 하루에 지하철이 무려 330회 00역에 정차합니다. 한 달이면 대략 1만회 정차하게 되는데요, 그때마다 00역에 하차하시면 00병원이 있다는 하차 안내방송을 하고 승객들은 그 내용을 듣게 됩니다. 월200만원 밖에 안 듭니다. 즉 수백 명의 승객에게 해당 병원의 위치 및 이름을 한 번 방송하는 값이 얼마? 200원이 안 된다는 겁니다. 이런 홍보매체가 또 있겠습니까?'

그 말에 원장님의 결심을 끌어냈습니다. '한 번 방송에 이백 원 참 저렴하죠.' 이 경험 이후 이 메시지는 회사의 모든 영업실무자들이 가장 많이 사용하는 고객설득의 메시지가 되었습니다."

고객의 마음을 움직이고, 구매를 결정하게 하는 메시지를 Sales Talk 이라고 한다. 때로는 엘리베이터 톡(Elevator Talk)이라고도 한다.

① 고객의 마음을 움직이는 세일즈 톡을 개발하고 활용하라.
    A. 고객이 더 많은 돈을 벌 수 있는 기회
    B. 고객이 비용을 줄일 수 있는 기회
    C. 가성비로 고객이 얻는 이익
    D. 더 잘 홍보할 수 있는 방법
② 고객의 거절은 오늘 사지 않겠다는 것이다. 내일 만날 수 있는 메시지를 던져라.
③ 고객이 고민하도록 하는 메시지를 던져라.
④ 고객과 지속적인 만남이 가능한 공감대 형성기술을 쌓아라.
⑤ 고객의 관심사 중심의 이야기(병원 비즈니스 성공과 그 방법으로 홍보전략-광고가 아니라)를 하라
⑥ 고객에게 가치를 제안할 때는 숫자를 활용하는 것이 설득력을 높이는 좋은 방법이다. 숫자를 사용하면 고객이 그 결과를 머릿속으로 상상하게 만들 수 있기 때문이다

성공 사례에서 배운 Action Idea

세일즈 리더십: 고객의 마음을 얻는 컴펠링 메시지

컴펠링(compelling) 메시지는 너무나 흥미로워서 주목하지 않을 수 없는, 그래서 강렬한 메시지로 고객을 설득해 지갑을 열게 하는 의미가 있다. 즉, 컴펠링 메시지는 고객들의 욕구를 자극해 구매를 할 수밖에 없도록 만드는 힘을 갖고 있다. 고객은 자신의 구매결정을 합리화하려는 경향(자신의 필요에 의해 구매를 했다는)을 갖고 있다. 즉, 고객은 영업실무자의 메시지와 영업활동에 설득을 당해 구매를 했다는 생각과 판단을 하고 싶어 하시 않는다. 그래서 영업실무자는 고객에게 상품과 서비스를 팔아서는 안 되고, 고객이 필요에 의해 스스로 선택하고 구매하도록 해야 한다. 이를 위해서는 고객의 마음을 얻고 구매결정을 촉구하는 강력한 메시지를 던져야 하는데 그 방법이 컴펠링 메시지를 활용하는 것이다. 컴펠링 메시지를 활용하기 위한 몇 가지 아이디어를 정리해본다.

① 경험을 제공하고 행동에 가치를 더하라. 가장 강력한 메시지 중 하나가 고객의 5감을 활용하는 것이다. 외국의 부동산 기업(CARVALHO HOSKEN REAL ESTATE)은 고객이 집을 보기 위해 방문신청을 할 때 고객의 정보(SNS상의 정보)를 사용하는 것에 대한 승인을 받은 후, 그 고객이 보려는 집을 가급적 고객과 관련된 정보로 채워 놓는 서비스를 통해 고객의 마음을 움직였다. 즉 벽에 걸린 사진을 고객의 사진으로 바꾸는 등의 방법을 통해 고객이 마치 자신의 집에 있는 듯한 경험을 제공하는 서비스로 차별화되면서도 고객에게 맞춤식의 메시지를 전달하고 있다.

② 대기시간을 활용해 가치를 느끼도록 하라. 고객이 경험하고 싶지 않은 것 중 하나가 구매를 위해 기다리는 것이다. 때로는 고객은 얼

마나 왜 기다려야 하는지 모르는 경우도 있다. 이는 고객을 화나게 하고, 떠나가게 하는 원인이 된다. 고객의 대기시간을 최소화하거나 즐거운 경험을 제공해 지루함을 없애 주면서 자사의 상품과 서비스의 가치를 직간접적으로 경험하게 하면 어떨까? 에어 프랑스사는 비행기 탑승을 기다리는 고객들에게 특정 게임을 하게 해서 정해진 점수를 획득한 고객에게 이코노미 클래스 좌석을 비즈니스 클래스 좌석으로 바꿔주는 이벤트를 통해 고객들에게 새로운 경험을 제공하고 입소문의 효과를 올렸다.

③ 의외의 메시지를 전하라. 기대하지 않은 긍정적인 메시지는 고객의 마음에 새로운 경험을 제공하고 기억 속에 남을 수 있다. 고객이 기대하고 이미 알고 있는 메시지는 감동을 주지 못한다. 영업실무자들은 고객이 이미 알고 있는 문제나 니즈를 해결하는 방법을 제안하기보다는, 고객의 관점을 바꾸는 새로운 통찰을 제공하는 메시지를 개발하고 제안해야 한다. 이를 위해 고객의 숨겨진 욕구를 찾고 채워 줄 필요가 있다. B2B영업을 하는 영업실무자가 활용할 수 있는 고객의 숨겨진 욕구는 더 많은 돈을 버는 것과, 총 구매비용(구매 관련 비용, 소유관련 비용, 사용관련 비용)을 줄이는 것이다.

④ 스토리로 전달하라. 메시지를 스토리로 만들어 전달하는 것의 가치는 고객에게 구매의 이익을 상상하게 할 수 있다는 것이다. 고객은 영업실무자의 메시지가 제공해주는 가치를 명확하게 알고 싶고 신뢰하고 싶어 한다. 스토리의 구성은 대상/고객-맥락과 상황-난관-대조-결론이다.

⑤ 고객이 가진 인식의 틀과 습관을 바꿔야 한다. 고객에게 영업실무자가 제안하는 상품을 구매하도록 하는 것은 고객의 습관을 바꾸

도록 요구하는 것이다. 다른 경쟁사 제품을 사용하든, 신규로 사용을 하든 고객은 자신의 습관을 쉽게 바꾸려 하지 않는다. 고객으로 하여금 습관을 바꾸도록 혹은 새로운 습관을 들이도록 하기 위해서는 고객이 가진 기존 생각의 틀을 바꾸어야 할 만큼 가치가 있어야 한다.

⑥ 고객에게 수고의 기회를 제공하라. 고객이 공급사의 상품과 서비스의 가치를 얻거나 누리기 위해서는 어느 정도의 수고와 노력을 하도록 하는 것이다. 이러한 수고를 한 고객은 자신이 지불한 비용에 대한 보상심리로 브랜드 전환을 쉽게 하지 않는다. 스웨덴의 음악 밴드인 존 모세(John Moose)는 자신들의 노래를 듣기 위해서는 노래를 다운로드 받은 후 일정한 장소(숲)에 도착해야 음악을 들을 수 있도록 함으로써 음악 애호가들의 독특한 사랑을 받았다. 고객에게 일정한 수고를 치르게 함으로써 고객의 기억에 더 오래 남을 수 있고, 습관화의 이익을 누릴 수 있다.

16

고객의 비즈니스 기회를
만들어 주고 보호해 줘라

            고객이 영업실무자를 통해서 듣고
싶은 메시지는 다양한 대안에 관한 검토의 기회를 제공해 주는 것, 혹시
모를 위험에 대비하도록 정보와 솔루션을 제공해 주는 것, 자신의 업무
와 회사의 비즈니스에 대한 새로운 가치를 제공해 주는 것, 높은 전문성
을 보여주면서 구매과정이 쉽도록 도와주는 것, 특별한 요청에 정확하게
대응을 해 주면서, 비용절감에 대한 새로운 아이디어를 제공해 주는 것
등이다. 한 마디로 정의하면 B2B고객은 더 많은 돈을 벌 수 있는 새로운
기회와 방법을 알려주거나, 비용을 절감할 수 있는 창의적인 솔루션을
기대한다. B2C고객의 경우에는 삶을 보다 윤택하고 풍요롭게 하는 것과
구매의 불편함과 시간절약 등의 메시지를 기대한다. 다음의 사례로써 고
객의 업무지원을 통해 새로운 영업 기회를 발굴하는 방법을 생각해 보자.

    엔지니어링 플라스틱과 자동차, 전기, 전자용 화학제품을 영업하는

○○○○
78개 현장사례에서 배우는 Sales Leadership
영업실무자가 묻고 세일즈마스터가 답하다

C씨, 국내에 진출한 글로벌 기업에 커넥터를 생산해 납품을 하고 있는 L사를 알게 되었다. L사는 수년간 글로벌 기업과 거래를 하고 있는 중인데, 최근 지속가능 경영과 환경 경영이 중요한 이슈로 대두되면서 기존 고객에게 납품한 제품에 환경문제가 되는 원료가 포함되어 거래를 해외 경쟁사에 빼앗길 상황에 처해 있음을 알게 되었다. 이에 C씨는 신속하게 L사의 연구소와 품질관리 부서에 자사의 제품 중 환경문제를 일으키지 않는 제품을 추가로 제안해 고객 L사가 글로벌 기업과의 거래를 지속하도록 도와주었다.

① 고객이 기대하는 공급사가 되어라. 이는 영업의 성공을 위한 핵심 자질이다. 영업실무자는 고객을 통해 고객이 기대하는 공급사 혹은 협력사의 이상적인 기준과 조건을 파악하고 이에 부응하는 영업활동을 전개해야 한다. 적절한 질문으로 고객의 입을 통해 최상의 공급사 기준을 확인하라. 귀사가 생각하는 최고 공급사의 기준은 무엇인가? 와 같은 질문을 사용하라.

② 고객의 실무부서 또는 사용자와 협력하라. 고객사의 실무부서와 사용자와의 관계는 영업실무자에게 매우 중요한 영업확장의 기회가 된다. 고객의 실무부서를 자신의 편으로 만드는 것은 고객의 구매의사 결정과정에 강력한 영향력을 미칠 수 있는 기회를 확보할 수 있다. 실무부서와 사용자가 현재 고민하고 있는 문제가 무엇인지, 달성하고자 하는 현실적인 목표가 무엇인지를 파악하는 노력을 게을리하지 말아야 한다.

③ 경영환경-거시환경-의 변화에서 새로운 영업의 기회를 발견하라. 어떤 비즈니스도 사회와 분리해서는 일어나지 않는다. 모든 비즈

1. 영업 성공 사례에서 배우는 영업 스킬

니스는 사회라는 틀 속에서 발생한다. 그리고 이 사회에 가장 큰 영향을 미치는 환경적인 요소(거시환경, 경쟁환경 등)가 비즈니스의 성패를 좌우한다. 새로운 트렌드는 새로운 소비시장을 형성하고, 기업으로 하여금 새로운 제품과 서비스를 개발하도록 한다. 기업은 이런 환경 속에서 경쟁력을 갖추고, 더 많은 시장과 소비자를 확보하기 위한 노력을 한다. 영업실무자는 고객 비즈니스에 대한 전문가로 이러한 고객의 고민을 파악하고 지원하려는 노력과 태도를 보여주는 것이 고객의 신뢰를 얻고, 고객과 지속적인 비즈니스를 유지하는 것이 매우 중요하다.

④ 자사의 역량을 종합적으로 파악하고 고객을 위한 가치를 개발하라. 영업실무자의 역량(고객의 문제해결과 내부자원의 활용수준)은 곧 기업의 경쟁력 수준이 된다. 특히 내부자원의 활용수준은 기회비용을 최소화 하면서 내부의 비용절감(사용되지 않는 자원은 비용이다)을 위한 기회를 만든다. 영업실무자는 정기적으로 자사의 역량과 새롭게 강화된 역량을 파악해 고객을 위한 가치 개발에 활용해야 한다.

성공 사례에서 배운 Action Idea

세일즈 리더십: 고객의 마음을 움직이는 가치제공

오늘날에는 기업과 고객사이의 정보 불균형 문제는 사라졌다. 과거 정보 불균형의 시대에 고객은 기업의 마케터에 의해 일정부분 관리를 당했고, 기업은 마케팅 활동을 통해 고객이 무엇을 선택할 지를 강요할 수 있었다. 하지만 현재의 고객들은 정보의 홍수 속에 살고 있다. 마음만 먹으면 자신이 원하는 정보를 시간과 공간의 제약 없이 수집하고 분석할 수 있다. 더 나아가 수집과 분석까지도 완성된 것을 확보할 수 있다. 고객이 할 일은 스스로 수집한 정보를 두고 선택하는 일만 하면 된다.

고객들은 이제 기업이 제공하는 정보보다 더 실제적이고 자신의 구매결정에 도움이 되는 정보에 접근할 수 있는 다양한 도구를 활용한다. 제품에 대한 다양한 리뷰 사이트와 최근의 소비 트렌드인 리뷰슈머(reviews-umer), 크리슈머(cresumer), 리서슈머(resersumer), 큐레이슈머(curasumer), 프로슈머(prosumer) 등의 활동은 제품의 가치에 대한 고객들의 사용경험과 사용가치를 기업이 제공하는 정보보다 더 자세히 그리고 소비자 입장에서 전달한다.

아마타르 시몬슨 교수는 2016 동아 비즈니스 포럼에서 OEM회사였던 대만의 아수스 컴퓨터가 성공한 비결로 자사 브랜드를 출시하였을 때, 온라인에서의 좋은 리뷰가 성공의 결정적인 요인이라고 하였다. 이제 제품과 서비스 존재보다는 제품과 서비스가 제공하는 가치에 대한 실제 사용자들의 목소리가 고객들의 구매행동에 결정적인 영향을 미치는 시대로 바뀌었다.

고객이 기대하는 가치는 3가지로 볼 수 있다. 첫 번째 가치는 구매가치이다. 이는 구매과정에서 편리함과 비용절감 그리고 품질에 대한 신뢰, 시간절약, 불확실한 정보로부터 보호, 준거집단의 평가 등으로 쉽게,

편리하게, 안전하게, 그리고 저렴하게 구매하려는 가치이다. 온라인 구매가 오프라인 구매를 대체하고, 온라인과 오프라인 구매가 공유되는 옴니채널이 활성화 되고, 트윈슈머(twinsumer)가 새로운 소비패턴으로 부상하는 원인이 된다. 두 번째 가치는 사용가치이다. 고객과 소비자들은 구매한 제품과 서비스의 사용과정에서 기대한 편리함과 가치가 지속되기를 바란다. 때로는 기대이상의 가치를 고객은 누리기를 바란다. 기업은 고객과 소비자들이 사용상의 가치를 극대화 할 수 있는 정보를 제공해 주어야 한다. 실제로 이런 가치 때문에 최근에 리서슈머와 큐레이슈머, 그리고 크리슈머의 개인가치형 소비패턴이 부상하고 있는 것이다. 세 번째 가치는 소유가치이다. 고객과 소비자들은 구매에 들어가는 이자비용, 제품을 보관하는데 소요되는 비용, 설치와 관리에 소요되는 비용, 처분에 들어가는 비용들을 줄이고 싶어 한다. 자신이 구매한 제품의 가치를 지속적으로 누리기 위해 소요되는 비용을 소비자와 고객들은 기꺼이 비용을 지불할 의사가 있다는 것이다.

정보제공에서 가치제공으로의 트렌드에 맞춰 최근의 새로운 판매 기법은 세빌 서비스(servil service), 서브스크립션 서비스(subscription service), 큐레이션 서비스, 컨덕트 마케팅, 저가형 마케팅 등이다. 고객의 구매과정을 게임으로 만들어 구매과정을 즐기게 하는 게이미피케이션 마케팅, 브랜드의 가치를 제품이 아닌 일상생활에서 경험하도록 하는 브래닉(branic) 마케팅, 대기시간을 즐기게 하는 숨은 시간 활용 마케팅, 럭셔리 리세스 마케팅, 내 것처럼 마케팅 등의 판매기법들이 새롭게 부상하고 있다.

17

—

고객의 고정관념-
선입견을 바꿔라

고객이 가진 영업실무자에 대한 고정관념(선입견)을 바꾸는 것은 원활한 영업활동을 위해 반드시 필요하다. 고객은 영업실무자에 대해, 공급사에 대해, 자신의 역할에 대해, 과거부터 지금까지의 경험, 지식 등에 의해 영업실무자에 대한 바람직하지 못한 선입견 혹은 고정관념을 형성하고 있을 수 있고, 이것은 고객이 영업실무자를 만나고 상담을 할 때 메시지와 행동으로 나타난다. 이 고정관념은 쉽게 바꿀 수 있는 것은 아니지만, 바꾸는 것이 전혀 불가능하지도 않다. 다음의 사례를 통해 고객이 가진 고정관념을 바꾸는 요령에 대해 생각을 해보는 기회가 될 것이다.

때는 입사한 지 1년이 지나가던 지난 한 여름의 이야기입니다. 근처의 '0000솔루션' 이라는 업체에서 연락이 왔습니다. "수년전에 샀던 물품이 고장이 났는데 수리가 가능합니까?"라는 AS와 관련된 사

1. 영업 성공 사례에서 배우는 영업 스킬

항이었습니다. 저는 '보통 물건의 보증(Warranty) 기간인 1년이 지났기에 유상이며, 기간도 얼마나 걸릴지 모르지만 알아보겠다.' 라고 이야기를 했습니다. 이 업무와 관련된 이야기가 진행되던 중 업체에서는 제가 사원이라는 이야기를 듣고 점점 무시를 하기 시작했습니다. 일명 '갑질'이 시작되었던 것이죠. 영업과 기술직을 함께 병행하던 것이 제 업무였기에 갑질에는 익숙하지 않았고, 젊은 패기로 어쩌다 보니 물러서지 않고 맞서고 있는 저를 발견할 수 있었습니다. 전화상으로 업무가 마무리 되지 않았고, 저는 메일로 2차전을 치루기 시작했습니다. 고객사의 담당자는 여전히 저를 무시하였고, 직책의 한계를 느끼던 차에 한 가지 생각이 떠올랐습니다. '사원이라 무시하겠다면 내 후광이 어떤가 보여주지' 라고 생각했습니다. 이에 저는 고객의 윗사람들을 수신 참조로 하는 메일을 보내기 시작하였습니다. 대리, 과장으로 올라가다가 결국 팀장님까지 올라가게 되었습니다. 상대인 담당자는 점점 부담이 느꼈는지 따로 사과 전화가 왔습니다. '아까 전화했던 말투가 그런 말투가 아니었는데 그렇게 들렸을 것 같다.'며 사과를 하였고, 서로의 일을 잘 마무리하며 훈훈하게 끝이 났습니다.

위의 사례에서는 상호 우호적인 관계로 마무리 되었지만, 고객의 고정관념에 의해 나타나는 고객의 태도와 언어는 영업실무자들을 힘들게 하는 것이 사실이다. 고객의 이러한 태도에 지혜롭게 대처하는 것은 영업실무자의 또 다른 능력 중 하나가 된다. 영업실무자의 감정적이고, 직접적인 대응은 영업의 기회를 잃어버릴 가능성이 높다. 이러한 상황에 대응하는 지침은 다음과 같다.

① 작은 재치로 고객의 '갑질'에 대응하라. 영업실무자가 이야기 하는 고객의 '갑질'은 고객 입장에서는 전혀 다르게 해석을 한다. 고객은 자신의 모든 태도와 언어 그리고 영업실무자에 대한 반응은 지극히 당연한 것으로 생각한다. 고객은 자신이 정상적으로 구매업무를 수행하고 있다고 생각한다. 그러므로 영업실무자는 고객의 행동과 언어 하나하나에 지나치게 민감할 필요는 없다. 물론 가격 등의 거래 조건에 대해서는 민감해야 하지만… 일상적인 상황에서는 민감한 반응과 해석을 하지 않도록 하라. 대신에 작은 재치와 적절한 반론으로 대응하는 연습을 하도록 하라.

② 고객이 가진 선입견을 바꿔라. 영업실무자를 함부로 대하라는 것은 고객의 어떤 업무수행 매뉴얼에도 나와 있지 않다. 고객이 영업실무자를 쉽게 대하는 것의 출발은 영업실무자 스스로 만든 것이다. 소위 '을'이라는 입장에서 벗어나지 못하기 때문이다. 구매와 영업이라는 틀에서는 갑과 을의 관계가 될 수 있지만 니즈와 솔루션이라는 관점에서는 비즈니스 파트너가 된다. 제품과 서비스를 팔려고 하는 영업실무자에서, 비즈니스 파트너로서의 영업실무자의 역할을 고객이 인식하도록 영업활동의 수준과 방법을 바꿔야 한다.

③ 창의적인 방법으로 문제를 해결하라. 우리가 이야기하는 문제는 모두 해결책이 있다. 해결책이 없는 문제는 문제가 아니다. 중요한 것은 어떻게 문제를 해결하느냐에 달렸다. 영업실무자와 고객 사이에서 발생하는 많은 문제 역시 다양한 해결방법이 있다. 중요한 것은 쉽고 빠르지만 장기적으로는 부정적인 영향을 가진 방법을 선택하는가, 아니면 힘들고 시간이 소요되지만 장기적으로 바람직한 영향을 주는 방법을 선택할 것인가이다. 고객과의 관계에

서 발생하는 문제(개인적인 문제, 비즈니스적인 문제)를 바라보는 시각을 바꿈으로써 창의적인 해결방법을 찾을 수 있을 것이다.

성공 사례에서 배운 Action Idea

세일즈 리더십: 환영받는 영업실무자 되기 위한 원칙

고객의 환영을 받는 영업실무자가 되는 것은 B2B영업실무자의 로망 중 하나이다. 영업실무자의 일정표에는 만나거나 방문하거나 접촉을 하고자 하는 고객이름이 빼곡하게 있지만, 고객의 일정표 또는 업무 스케줄에는 영업실무자의 이름이 없다. 과연 고객은 어떤 영업실무자를 자신의 업무 일정표에 포함시킬까? 영업실무자는 어떤 역량을 갖추면 고객의 환영을 받을까? 지난 10여년간 B2B영업교육을 하면서 발견한, 고객이 찾는 영업실무자가 되기 위한 몇 가지 지침을 정리해 보았다.

우선 고객은 영업실무자가 자사의 비즈니스가 일어나는 시장에 대한 차별화되고 가치 있는 관점을 제공해 주기를 바란다. 즉 자사가 더 많은 돈을 벌거나 경쟁력을 강화할 수 있는 아이디어를 제안해 주기를 바란다.

다음으로는 영업실무자가 자신의 업무목표를 달성하거나 문제를 해결하는데 필요한 대안을 검토할 수 있도록 도와주기를 바라며 이를 통해 가장 유리하고 효과적인 업무추진이나 문제해결 및 구매가 가능하도록 하는 아이디어 제공을 바란다.

또한 고객은 영업실무자가 지속적인 조언이나 상담을 제공해 주기를 바란다. 영업실무자가 단순히 제품과 서비스의 판매에 머물지 않고, 구매 후 가치를 제대로 누리도록 다양한 지원(사용방법, 사용상의 위험제거 등)을 해 주기를 기대한다. 이를 통해 영업실무자가 혹시 있을지도 모르는 위험을 피하도록 도와주기를 바란다.

그리고 영업실무자가 새로운 이슈나 성과물에 대해서 내가 알 수 있도록 도와주기를 바란다. 이를 위해 영업실무자가 항상 나의 업무와 우리 회사의 비즈니스에 대해 관심을 갖고 있다는 것을 보여주기를 기대한다.

그리고 우리가 어떻게 해야 하는지에 대한 신선한 아이디어를 제공하는데 주저하지 않으며, 구매 후 우리가 얻는 이익에 대해서도 명확하게 알려주기를 바란다.

영업실무자가 속한 기업(공급사)이 나의 조직에서 전폭적으로 지지를 받기를 바란다. 이를 위해 영업실무자와 공급사의 영업조직이 고객의 상사와 다른 구매관련 부서와도 좋은 관계를 구축해 주기를 바란다.

영업실무자는 쉬운 구매과정을 제공해 주기를 바란다. 따라서 구매과정에서 발생하는 내부협의의 갈등을 해결할 수 있으며, 구매과정에서 예기치 않은 비용(시간지연, 처분 등)발생을 줄여준다.

영업실무자는 높은 수준의 전문성을 갖추기를 기대한다. 따라서 영업실무자와의 대화는 항상 나의 업무에 대한 새로운 통찰력을 갖는 기회가 된다.

영업실무자가 자신들의 특별한 요청과 요구사항을 맞춰주기를 바란다. 따라서 영업실무자에게 자신의 요구사항을 요청하는데 부담을 갖지 않는다. 때로는 영업실무자와 공동으로 문제해결을 위한 프로젝트를 진행하자고도 한다. 필요하다면 영업실무자가 자신의 경쟁사와 협력을 해서라도 자신들에게 도움이 되는 솔루션을 개발해 제안을 해 주기를 기대한다.

영업실무자는 나 혹은 우리 회사가 원하는 바를 잘 파악하고 대화에 임해주기를 바란다. 따라서 우리 회사의 누구를 만나더라도 영업실무자는 우리 회사에 도움이 되는 아이디어를 제공해 주기를 기대한다.

18

고객의 작은 니즈도
소홀하게 다루지 마라

고객은 자신의 구매과정에서 예상하지 않은 비용을 지불하려 하지 않는다. 고객이 줄이고 싶은 비용은 경제적인 비용만 있는 것이 아니다. 번거로움, 시간, 노력, 행동 등에 소요되는 비용도 포함된다. 영업실무자는 이러한 고객의 비용을 종합적으로 파악해 영업의 기회로 만들 수 있어야 한다. 다음의 사례를 통해 고객의 비용절감 지원이 주는 영업의 성과를 확인할 수 있다.

저는 사무용품을 기업 대상으로 영업 하고 있는 000코리아의 영업실무자 입니다. 2009년 3월경 코오롱 000란 업체에서 USB (4GB) 상품에 대해 대량주문 문의가 들어왔습니다. 이유는 이번 회사 컨벤션 행사에 참여하는 모든 직원에게 사은품으로 USB를 지급해야 하는데 현재 거래처에 대량으로 재고를 보유하고 있지 않아서 문의한다고 했습니다. 일단 기존 거래처와 거래하고 있는지 확인을 하고,

자사의 경우 매장이 아닌 100% 주문형식으로 물류센터를 운영하는 업체이기 때문에 대량으로 재고를 보유하고 있다고 소개했습니다. 경쟁업체의 가격을 확인 후 대량 주문에 맞춘 자사의 견적을 보내주었습니다. 그대로 주문은 진행됐고, 일시적인 주문이 아닌 앞으로의 거래관계를 구축하기 위한 목적으로 해당부서로 방문하여 담당직원과 미팅을 갖게 되었습니다. 고객이 현재 거래하고 있는 곳은 회사 근처에 오피스00이라는 매장을 운영하고 있는 업체였습니다. 거래규모는 월 30만원에서 100만원 수준으로 결코 작은 금액이 아니었습니다. 그 매장을 이용하는 이유는 매장 위치가 가깝고 전체 금액에 5% 할인을 받고 있기 때문에 예전부터 거래를 해 왔다고 했습니다. 그 매장과 거래를 하는데 특별히 불편한 점은 없다고 하여 배송은 어떻게 받느냐고 물어보니 3만원 이상 주문할 땐 배송을 받고 금액이 적을 땐 직접 나가서 사온다고 했습니다. 업무 중에 갑자기 나가서 그때그때 사오면 불편하지 않느냐고 물어보니 약간 번거롭다고 하였습니다. 이에 당사와 거래를 한다면 주문금액에 상관없이 무조건 무료로 배송해 주고 전체금액이 아닌 주로 사용하는 상품들에 대한 15% 할인을 제안 했습니다. 그리고 견적을 비교해 보니 현재 사무용품 비용보다 5% 이상 절감되는 효과를 볼 수 있다는 것을 강조하였습니다. 또 현재 주문방법은 전화로 하나하나 얘기해서 하고 있다고 하여 자사의 온라인 주문 방식과 주로 사용하는 상품에 대해 상품코드를 적용, 간편하게 입력하여 주문하는 방법을 권장했습니다. 그리고 매월 정기적인 방문을 통해 한 달 간의 사용 내역을 체크하여 동일품질에 더 저렴한 대체상품 주문을 통해 비용을 절감할 수 있는 방법을 상담해 주기로 했습니다. 익월 첫째 주 처음 주문이 이루어졌고 그 후로 매월 정기적인 방문을 통해 불편 사항이 있는 경우, 그때그때 직접 보고 판단하여 빠르게 대처하였고 지속적인 거래 관계를 유지할 수 있었습니다.

사례에서 확인할 수 있듯이 업무 수행과정의 작은 불편함 역시 고객에게는 줄이고 싶은 비용이다. 고객이 자신의 문제를 명확하게 인식하거나, 문제해결을 위한 솔루션을 알게 되면 고객은 영업실무자의 제안을 긍정적으로 받아들인다. 때로는 고객이 인식하지 못하고 있는 문제를 인식하도록 해서 구매를 하도록 할 수도 있어야 한다. 다음의 방법으로 숨겨진, 혹은 고객이 인식하지 못하고 있는 니즈를 발굴해 영업의 기회를 넓히기 바란다.

① 고객의 작은 요구/니즈를 해결해 주면서 관계구축을 시도하라. 고객에게 호감을 주고 상호 이익을 주는 관계구축을 위해 사소한 것을 도와주는 것에서 시작하는 방법도 있다. 작은 도움을 받은 고객은 나중에 큰 도움에 대한 요청에 긍정적인 반응을 보인다.

② 고객의 현재 거래 상황을 분석하고 총 구매비용 관점으로 접근하라. 고객의 총 구매비용을 제대로 파악하기 위해서는 고객의 업무에 대한 전문가가 되어야 한다. 때로는 가격 외의 조건이 고객의 니즈가 될 수도 있다. 고객의 구매가치 사슬(필요발견~처분) 분석을 통해 고객의 니즈를 발견하고 영업으로 연결시켜라.

③ 고객의 개인적인 니즈를 해결해 주는 유연성이 필요하다. 구매당당자는 기업의 구매업무를 수행하지만, 구매과정에서 채우고 싶은 개인적인 니즈를 갖고 있다. 이 니즈에는 영향력 니즈, 안정에 대

한 니즈, 인정에 대한 니즈, 인간관계 니즈 등이 있다. 개인적인 니즈를 충족시켜주지 못하거나, 개인적인 니즈에 부정적인 영향을 준다면 고객의 괘씸죄에 걸리기 쉽다.

④ 고객의 구매비용 절감을 숫자로 명확하게 알려주어 고객이 얻는 이익을 구체화 시키고 구매의 정당성을 제공하는 것이 좋은 결과로 이어진다.

⑤ 계약 이후의 우호적인 관계유지로 새로운 영업의 기회를 지속적으로 발견하고 잡아야 한다. 교차판매의 기회를 더 많이 확보하려면 고객의 다양한 욕구와 요구를 알아야 한다. 작은 거래의 시작이 이후 큰 거래로 이어질 가능성이 있다. 채워주고 해결해 줄 수 있는 고객의 니즈는 거래 규모로 판단하지 말고 적극적으로 도와주어라.

성공 사례에서 배운 Action Idea

78개 현장사례에서 배우는 Sales Leadership
영업실무자가 묻고 세일즈마스터가 답하다

19

——

고객의 코치가 되어라

아무리 우수한 제품과 서비스라 하더라도 고객이 필요하지 않으면 거래는 발생하지 않는다. 세상의 모든 제품과 서비스는 고객과 소비자들이 필요로 하기 때문에 거래가 일어난다. 영업실무자는 자신이 만나는 모든 고객이 자신의 제품과 서비스에 대한 니즈를 갖고 있을 수 있다는 것을 알아야 한다. 때로는 제품과 서비스의 존재는 알더라도 사용법을 몰라서 구매를 하지 않기도 한다. 이러한 고객과 소비자들에게는 제품과 서비스를 사용할 수 있는 기회를 제공하거나, 사용할 수 있는 능력을 키워주어야 한다. 직접 사용해 보거나, 사용방법을 알면 고객은 갖고 싶은 욕구를 갖게 된다. 다음의 사례가 이러한 영업실무자의 활동내용을 잘 보여주고 있다.

저는 농산물을 구매하는 바이어 업무를 맡고 있다 보니 사실 갑의 입장으로 근무를 하는 경우가 많습니다. 다른 시각으로 보시는 분들은 슈퍼 갑이니 영업이 편하겠다라고 이야기하는 경우가 많습니다. 제가 1차적으로 거래하는 사업자들은 대부분 농민들입니다. 최근 지식인 농민들도 많이 생기고 귀농을 해 젊은 층 사람들도 있다고 방송에서 소개를 많이 하지만, 아직까지도 90% 이상은 50대 이상 노인 분들입니다.

현재 공정거래위원회에서 투명성 있는 거래에 대해 많이 언급합니다. 갑,을 이란 명칭을 사용하지 않기도 하고 법이 강화되어 거래에 대한 부분을 문서화시켜야 하는 경우가 많이 있습니다.

그런데 가장 큰 애로사항은 농민들의 90%가 오피스 작업이 안 된다는 현실입니다. 그러다 보니 저희가 직접 작성해서 방문하거나 농민들께서 찾아와서 하나하나 설명해주고 문서작성 도와주고 거래를 성사시키게 되죠. 따지고 보면 혼자서 북 치고 장구 치고 하는 격이죠.

관리하는 거래처가 100곳이라고 생각해 보십시오. 1곳당 주고받는 공문 개수만 해도 1년에 최소 5장은 될 텐데 저희 공문, 상대방 공문, 최소 천 건을 작성 또는 도와 드려야 된다는 것입니다. 힘겨운 일이었지만, 이를 통해 고객의 비즈니스가 성장을 하고 저와의 거래도 지속되는 성취감을 가지게 되었습니다.

영업활동의 수준과 폭을 업 그레이드(up grade)해야 한다. 고객은 제품과 서비스의 존재를 모르기 때문이라기 보다는, 어떻게 사용해야 하는지를 몰라 구매를 망설이거나 주저할 수 있다. 따라서 때로는 고객의 문제를 직접 해결해 주어야 할 때도 있다. 다음의 방법을 활용해 영업활동의 폭을 넓혀 더 많은 영업의 기회를 확보하라.

① 고객은 자신의 필요를 위해 구매비용을 기꺼이 지불한다. 따라서 영업 실무자의 역할은 고객이 자신의 제품과 서비스에 대해 흥미와 관심을 갖도록 해야 한다. 인터넷과 디지털의 보편화로 고객이 많은 정보에 접근할 수 있게 되었지만, 고객에 따라서는 정보접근에 제한을 받을 수도 있다. 고객의 수준에 맞는 영업활동을 하라.

② 고객으로 하여금 기꺼이 구매를 하도록 가치 제안을 하라. 상품과 서비스의 가치를 고객이 경험해 보도록 하는 것이 가치 제안의 효과적인 방법이다. 고객이 가치를 경험하도록 하는데 영업실무자가 지불하는 비용은 영업의 성과달성을 위해 반드시 필요한 것이다.

③ 상품과 서비스를 파는 것만이 영업활동이 아니다. 고객이 상품과 서비스를 제대로 사용하도록 지원하는 것도 중요한 영업활동이다. 그리고 영업실무자의 역할은 제품과 서비스를 판매하는 데서 끝나는 것이 아니다. 진정한 영업은 고객이 상품과 서비스 구매를 통해 고객이 원하는 목표를 달성하거나, 비용을 줄이거나, 문제를 해결하는 결과를 직접 보도록 하는 것이다. 이것을 위한 수고를 부담스러워 하지 마라. 이 기회를 통해 고객에게 반드시 필요한 영업실무자가 되는 것이 중요하다.

④ 고객을 위한 수고를 피하지 마라. 고객은 영업실무자의 수고를 알고 있다. 다만 이 수고는 고객에게 도움이 되는 수고가 되어야 한다. '을'이기 때문에 고객의 마음을 얻기 위해 하는 행동들은 수고가 아니다. 고객이 그 가치를 인정해 주는 그런 수고를 해야 한다. 더욱이 이 수고가 영업의 성과와 고객과의 윈윈관계 형성에 도움이 된다면 당연히 해야 할 것이다.

세일즈 리더십: 이탈비용과 손실 그리고 처방

80명의 영업실무자 입사! 9개월 후 50% 퇴사!

지인으로부터 듣게 된 어느 기업의 2016년도 현실이다. 그런데 그 기업은 새로이 영업실무자들을 뽑았을까? 아마도 다시 충원 하는 수고를 하였을 것이다. 최근의 고용상황으로 봐서 꽤 우수한 인재들이 선발되었을 것이다. 이 기업은 이 때문에 소요된 비용을 계산해 보았을까? 자! 여기서 9개월간 소비된 40명의 비용을 생각해보자. 1인당 월 100만원으로 계산을 해도 3억 6천만원의 비용이 아무런 흔적(성과)도 없이 사라진 것이다. 게다가 신입사원들을 선발하는 과정에 소요된 비용까지 계산을 하면 훨씬 많은 비용이 사라진 것이다. 새로운 직원을 선발하는데 추가로 지불한 비용도 있을 것이다. 이러한 비용의 발생은 결국 기업의 수익악화로 이어진다. 그리고 이렇게 눈에 보이는 비용만 사라지는 것이 아니다. 신입사원들의 이탈도 이러할 진데 기존 영업실무자의 이탈은 훨씬 많은 비용을 발생시킨다.

영업실무자의 이탈은 생각보다 많은 비용이 발생한다. 우선 고객비용으로, 고객의 불만 중 하나는 자신을 담당하던 영업실무자의 이탈로 인해 새로운 영업실무자와 대화를 해야 하는 것과 이에 따른 고객충성도 악화, 그리고 고객이탈 비용이 있다. 물론 기업의 이미지가 악화되는 비용도 발생한다. 그리고 조직 내부적으로는 남은 직원들의 동기부여가 떨어지는 비용, 관리자의 리더십 손상비용, 새로운 직원을 뽑아야 하는 비용, 영업 노하우의 소멸비용, 매출이 일어나지 않는 비용, 영업조직의 경쟁력이 떨어지는 비용, 교육훈련 비용 등이 발생한다. 하지만 대부분의 기업은 이러한 비용을 계산하지 않는다.

기업의 영업경쟁력은 곧 기업의 경쟁력이 된다. 우수한 직원을 선발하는 것도 중요하지만 선발된 직원이 이탈하지 않고 업무전문가로 성장할 수 있는 기틀을 마련해 주어야 한다. 영업능력은 경험으로 쌓는다는 경험학습의 패러다임을 바꿔야 한다. 제대로 영업활동을 하면 영업에서 성과를 올릴 수 있는 영업 시스템, 영업 매뉴얼, 영업 시나리오, 영업 진척도 관리를 위한 도구 등을 갖추고 이것으로 영업실무자들의 기초체력을 튼튼하게 만들어야 한다.

20

고객의 구매결정에 영향을 미쳐라

오늘날의 고객은 영업실무자들이 자신들의 비즈니스와 삶에 긍정적인 영향을 미치는 솔루션을 제공해 주기를 바란다. 단순한 상품과 서비스를 판매하는 영업실무자를 원하지 않는다는 것이다. 또 하나의 바람직한 영업실무자의 활동 내용을 다음의 사례를 통해 알 수 있다.

저는 제품 영업이 아닌 시스템 영업을 합니다. 따라서 영업내용은 시스템 설계 및 시공까지 포함됩니다. D건설사에서는 새로운 사업 개척 중 호텔사업을 시작하기로 하고 호텔사업 프로젝트 팀을 새롭게 꾸며 여의도에 비즈니스 호텔을 수립코자 하였습니다. 새로 예산 책정을 한 후 호텔의 내부 방송관련 분야 (A/V, PA, CATV, CCTV 설비)의 설계사를 모색하면서 D사는 기존의 몇 개 호텔에 의뢰하여 시공까지 담당한 업체 5개사를 선정한 뒤 설계입찰을 실시하더군요,

이에 당사는 제안서에 포함돼야 하는 내용을 예산서 및 호텔 콘셉트 내용까지 포함하여 이메일로 제출하였습니다. 당사는 평소 워커힐 호텔 쪽 일을 고정 거래처로 진행하던 차라, 제안서 내용부문에 워커힐 호텔의 사례 및 최신 호텔 트렌드, 비즈니스 호텔 전략 부분을 중점으로 차별화된 제안 작업을 하였고, 설계비용 부문은 최소화하여 제안서를 직접 담당자 만나 제출하고 간단한 제안 브리핑까지 하였습니다.

개찰 결과 당사의 설계비용 부분이 5개사 중 제일 높은 금액이었으나, 제안서 부분에 성실성이 인정되어 당사와 설계비용을 협의하여 설계 계약을 하게 되었고, 약 7개월에 거쳐 설계작업 실시한 후, 당사가 설계한 제품으로 시스템을 구축하여 지명입찰을 받았습니다.

현재는 수주에 성공하여 5월에 착공 예정입니다. 또한, 본 건을 진행하면서 새로 영입되신 부사장이 겸임 사장이라 별도로 자신의 회사 쪽에서 신축하는 영종도에 준비 중인 신축호텔도 당사에 설계 의뢰하여 수주의 우선권을 주겠다고 약속을 하였고, 따라서 새로운 계약의 수주 가능성 역시 높습니다. 앞으로 D건설사에서 진행하는 호텔사업 추가공사는 저희 쪽으로 설계 의뢰가 지속적으로 들어올 것이 예상됩니다. 설계비용은 물론 이익이 되지 않았지만, 설계부터 실제 운영자와의 미팅 및 현장체크를 통하여 고객의 입장에서 바라본 설계를 실시하여 수주에 성공할 수 있었습니다.

위 사례의 성공 요인을 살펴보면 다음과 같다.

① 고객사의 사업 전체에서 성공적인 비즈니스 기회를 강화할 수 있

는 지원을 해 주었다. 최고 호텔의 아이디어와 솔루션을 제공해 고객사의 경쟁력 강화 기회를 제공한 것이 가장 큰 매력이 있는 제안이었다.

② 신규사업에 뛰어드는 고객을 위해 기존의 베스트 사례를 벤치마킹 형식으로 아이디어를 제공함으로써 실패의 기회를 줄이고 성공의 기회를 늘려주었다.

③ 신규사업을 준비하는 고객에게 구매의 기준과도 같은 제안서를 충실하게 작성해서 고객의 구매상 위험을 제거해 주었다. 고객이 구매상의 위험을 먼저 말하지 않더라도, 영업실무자가 구매상의 위험을 먼저 알고, 위험을 제거하는 방법을 알려줄 필요가 있다.

④ 결국 영업실무자가 반드시 실천할 것은 솔루션 특성과 고객의 구매상황에 맞는 최적화된 제안서를 제출하는 것이 중요하다.

성공 사례에서 배운 Action Idea

세일즈 리더십: 소비자의 유형에 맞는 판매전략을 수립하라

　최근의 소비자들은 가성비를 중요하게 생각한다. 자신이 구매에 지불한 가격 이상의 가치를 원하는 소비자들이 늘어나고 있다. 가성비를 중요하게 여기는 소비자들은 구매과정에서 고비용과 위험을 회피하고, 구매과정에서도 새로운 가치를 추구하는 행동을 한다. 따라서 이들은 옴니채널, 쇼루밍, 역쇼루밍 등의 다양한 판매 채널을 동시에 혹은 선택적으로 활용한다. 이들을 크로스오버 소비자(crossover consumer)들이라고 부르며 이들을 대상을 하는 판매전략으로는 새로운 경험을 제공하는 방법(아마존의 대시 버튼)과 내 것처럼 경험할 수 있는 판매공간을 제공해 구매의 가치를 경험하게 하는 전략, 온라인 구매의 위험을 줄여 줄 수 있는 판매전략(큐레이션 마케팅)이 필요하다.

　또한 가성비를 중요하게 여기는 소비자들은 세일기간에만 집중적으로 지갑을 열거나 신용카드의 혜택만을 누리는, 그리고 인터넷 쇼핑을 하면서 할인 혜택만을 쫓는 소비자들이 있다. 이러한 소비자들을 체리 피커(cherry picker) 또는 바겐헌터 소비자(bargenhunter consumer)라고 한다. 바겐헌터 소비자들 사이에 경쟁을 시키는 경쟁판매전략, 수고를 지불하도록 하는 방법으로 저가 구매 지향적인 행동을 재미와 경쟁심리를 활용한 새로운 구매경험을 제공해 구매의 비용을 가치로 전환하는 방법을 사용하면 좋을 것이다.

　가성비를 중요하게 여기는 또 다른 소비유형은 온라인 쇼핑을 중심으로 보물을 찾는 탐험가처럼 행동하는 트레져헌터 소비자(treasurehunter consumer)가 있다. 자신의 원하는 제품을 찾아서 기꺼이 정보탐색이라는 비용을 지불하는 소비자들이다. 이러한 트레져헌터 소비자들을 잡기 위해서는 고객의 구매 패턴을 추적해 고객의 욕구와 변덕까지 파악해 고객이 원하는 정보를 제공해주는 판매전략(서번트 마케팅), 매장에서 상품을 선택하는 시간을 활용해 할인혜택을 달리하는 판매전략, 히든 메시지를 활용하는 판매전략, 입소문을 통한 소비자들의 경쟁심리를 활용하는 전략 등을 활용할 수 있을 것이다.

　가성비 외 구매결정의 중요한 기준으로 사회적인 가치를 중요시하는 소비유형도 최근에는 점점 규모가 커지고 있다. 이러한 소비자들은 사회활동을 직극직으로 하면서 공유가치와 공정무역을 이끌어 내는 사회직 소비자(social consumer)라고 불린다. 환경문제와 지속가능성 그리고 친환경 농산물을 찾는 그린 소비자(green consumer)도 있다. 사회적 가치를 중요하게 생각하는 소비자들을 위해서는 큐레이션 마케팅, 환경 마케팅, 리서치 마케팅, 패널 마케팅 등의 전략을 활용해 소비가 사회적 가치에 긍정적인 영향을 미친다라는 메시지를 전달할 필요가 있다.

　기업은 기존의 시장&소비자와 새로운 시장&소비자를 선점하는 기회를 잡아야 한다. 기존 소비자들을 레드오션 슈머라고 부른다면, 새로운 시장과 소비자들을 블루오션 슈머(blue ocean sumer)라고 부른다. 새로운 블루 슈머의 유형으로는 기후 양극화에 따른 소비패턴의 변화, 관객에서 선수로 참여하고자 하는 소비자, 디지털 디톡스를 추구하는 소비자, 은퇴한 부유층 소비자, 자기를 표현하고자 하는 소비자, 싱글 소비자, 무유통단계를 추구하는 소비자, 바게닝 소비자, 공부하는 소비자, 피로와 불편함을 참지 못하는 소비자, 공포로부터 벗어나고 싶은 소비자, 만남을 통한 부가가치를 창출하고자 하는 소비자 등이 있다. 이런 소비유형에 맞는 판매전략에는 어떤 것들이 있을까? 이러한 소비자들을 대상으로 진행되는 판매전략에는 페어 마케팅(pair marketing), Good by 마케팅, 감정지불 마케팅, 셀피 마케팅, 로망 마케팅, Time 마케팅, 메시지 마케팅, SNS를 활용한 동시 마케팅, 숨바꼭질 마케팅, 시간제한 마케팅, 엠부시 마케팅, 장소 마케팅, 생리 마케팅, 감각 마케팅, 이벤트 마케팅 등이 있다. 최근의 한 외국 기업이 도시의 거리 한가운데 의자를 배치하고 의자에 사람들이 다 앉으면 위에서 식탁이 내려와 함께 식사를 하도록 한 이벤트를 진행함으로써 브랜드 가치를 알리는 것 역시 블루오션 슈머를 발굴하기 위한 세일즈 마케팅 전략으로 볼 수 있다.

21

고객을 설득하는 기회를 잘 활용하라.
생각보다 많다

고객을 효과적으로 설득하는 것은 영업실무자들이 가장 바라는 능력이다. 고객을 설득하는 것은 결코 어려운 일이 아니다. 하지만 고객을 설득하기 어려운 이유는 설득의 핵심을 몰라서 이거나, 설득력 있는 메시지를 전달하지 못하기 때문이다. 설득의 핵심을 알면 설득은 의외로 쉬울 수 있다. 다음의 사례를 통해 영업실무자의 설득기법을 확인해 보자.

저는 대구, 경북지역에서 고무 사출기 영업을 담당하였습니다. 당시에 저희 회사는 전국에서는 점유율이 1등이었으나 유독 대구, 경북지역에서는 경쟁사에 밀려 점유율이 3등이었습니다. 점유율이 근소한 차이도 아니고 거의 5:3.5:1.5로 3등을 달리고 있었습니다. 자사의 제품은 품질은 좋으나 가격에서 타사보다 20% 정도 비싸서 고전을 면치 못하였습니다.

또한 경상도 지방에는 주로 중소기업이 대부분이고 대기업이 없다 보니 주로 저렴한 제품을 찾는 고객들이 대다수여서 판로를 찾기가 힘들었습니다.

그래서 시장 점유율을 어떻게 하면 높일 수 있을까 고민을 거듭한 끝에 설비를 고객이 구매를 하지 않고 임대를 하면 초기 구매 비용은 20% 비싸지만, 제품의 품질을 무기로 하여 타사 설비에 비해 A/S비용이 적게 발생하여 초기 구매시 발생하는 부담을 2년 안에 회수가능 하다는 것을 증명하고 싶었고 자신 또한 있었습니다. 그런 증명을 통해 입소문이 탄다면 점유율을 높일 수 있다고 판단하여 경쟁사 설비가 들어간 고객사에 설비임대를 해주어 비교해 보자고 본사에 제안을 하였고, 1년 정도 결과를 지켜보니 굉장한 효과가 있었습니다. 설비는 한번 구매하면 10년은 사용하기에 10년을 놓고 보자면 타사 대비 엄청난 절감 효과가 있었고, 결국에 경주지방에서 시작된 테스트 결과가 입소문을 타서 시장점유율을 2년 만에 4 : 3.5 : 2.5 로 2등을 탈환하는 계기를 만들었습니다.

위 사례에서 얻을 수 있는 설득을 위한 시사점은 다음과 같다.

① 창의적으로 영업하라. 우리가 문제라고 하는 것에는 항상 해결책이 있다. 영업의 문제를 새로운 관점과 시각으로 바라보면 창의적인 해결안을 찾을 수 있다.

② 제품을 판매하는 것 만이 돈을 버는 방법은 아니다. 사례에서와 같이 빌려주는 방법, 사용료를 받는 방법, 서비스 계약으로 돈을 받는 방법, 대행납부, 라이선스 사용료 등이 있다.

③ 고객의 총 구매비용을 줄여주는 제안을 하라. 가격만이 유일한 고객의 구매비용이 아니다. 구매관련 비용, 사용관련 비용 그리고 소유관련 비용을 파악해 고객에게 가치 있는 제안을 하라.

④ 자사의 내부 역량을 가치로 바꾸는 아이디어를 개발해 고객에게 제안하라. 이를 위해서는 자사 내부의 지원을 끌어내야 한다.

성공 사례에서 배운 Action Idea

 **설득의 기술**

　　　　　　　설득을 잘 하고 싶은 욕구는 비단 영
업실무자가 아니더라도 모든 사람이 가지고 있는 것이다. 설득력이 있다
면 자신이 원하는 것들 중 많은 것을 얻을 수 있기 때문이다. 비록 원하
는 것을 얻더라도 설득력이 부족하면 많은 비용을 지불해야 하기 때문이
다. 설득력을 올리기 위한 원칙을 살펴보자.

　⑴ 설득할 때 사용하는 모든 메시지는 상대방(고객)이 이해하는 단어로
　　 표현하라.

　커뮤니케이션의 장애물인 필터(오해를 일으키는)를 제거하기 위해서 이 기
술이 반드시 필요하다. 영업실무자의 말을 고객이 영업실무자가 원하는
대로 해석하도록 만들기 위한 필수조건이다. 영업실무자의 말을 고객이
오해하거나 자신이 원하는 대로 해석해서는 안 된다. 이유는 고객은 자
신이 해석한 결과대로 판단하고 행동하기 때문이다.

　⑵ 상대방(고객)을 이야기의 중심으로 만들어라.

　고객의 관심사와 욕구를 파악하고 모든 대화의 내용과 결과 그리고 요
구되는 행동이 고객을 위한 것으로 만들고 고객이 그렇게 느끼도록 하라.

(3) 상대방(고객)의 욕구에 초점을 맞추어라.

고객을 분석해 고객의 욕구와 원하는 것을 파악해야 한다. 개인이든 조직이든 스스로 필요성과 행동의 이익을 알아야 어떤 행동을 한다. 영업실무자의 경우 고객과 상담을 전개하면서 첫 단계부터 고객을 분석(고객의 비즈니스 상황분석-니즈 추론, 고객과 상담을 하면서 고객의 스타일 파악)하고 상담과정에서 고객의 니즈를 명확하게 확인해야 한다. 제1차 분석은 고객에 대한 정보를 바탕으로 영업실무자가 고객의 니즈(달성할 목표와 해결할 문제 등)를 추론하는 것이다. 제2차 분석은 고객과 상담하면서 질문을 통해 추론을 확인하고 고객이 스스로 자신의 니즈를 말하도록 하는 것이다. 이를 위해서 경청의 기술을 활용해야 한다.

(4) 상대방(고객)의 욕구를 채워 줄 수 있는 내용을 제안하고 그 제안을 수행할 수 있는 영업실무자의 능력(상품의 가치, 조직의 역량 등)을 신뢰하도록 하라.

즉 고객의 욕구를 파악한 후 영업실무자는 자신의 상품이 가진 가치와 더불어 조직과 영업실무자 개인의 능력과 역량으로 그 욕구를 채워 줄 수 있다는 믿음을 갖도록 해야 한다. 이를 위해서는 다양한 자료와 사례, 증거, 추천서 등을 활용할 수 있어야 한다. 영업실무자가 고객에게 제안하는 가치에 따라 적절한 영업의 도구를 활용할 수도 있어야 한다.

(5) 상대(고객)가 해야 하는 행동(설득의 결과로 당신이 원하는 것)을 구체적이고 명확하게 요구하라.

이때 고객이 해야 하는 행동(계약, 다음 미팅의 허락 등)을 알아서 결정할 때까지 기다리지 말고 먼저 요구해야 한다. 영업실무자의 경우 제안한 내용에 고객이 동의를 표하거나 설득되었다는 징후가 보이면 과감하게 다음 행동(영업의 단계 제안, 계약요청 등)을 요구하는 것이다. 그래야 상대방의 반응을 파악하고 또 다른 요구사항이 있는지 알 수 있다.

(6) 고객의 다양한 거절과 저항 그리고 거부에 대해서는 고객의 반응과 메시지를 그대로 믿지 말고 이면을 파악하는 노력을 하라.

고객의 반대는 오늘 구매하지 않겠다는 것이다. 그리고 고객은 기본적으로 영업실무자들의 제안에 대해 1~3번은 거절을 한다. 영업실무자가 할 일은 고객이 구매여부를 고민하도록 만들어야 하고, 언제든 다시 만나 상담할 기회를 확보할 수 있어야 한다. 고객은 본능적으로 영업실무자의 제안에 대해 반대하는 경향이 있다. 설득을 위한 상담은 늘 원하는 대로 진행되지는 않는다. 이에 영업실무자는 스스로 한계(고객의 반대를 극복할 수 없다. 영업이 어려운 이유는 고객이 거절하기 때문이다 등)를 가져서도 안 된다.

한편, 세일즈와 마케팅업무를 융합해 새롭게 부각되고 있는 세일즈마케팅과 그 업무에 종사하는 세일즈마케터는 앞으로도 기업의 핵심 기능 중 하나가 될 것이다. 특히 소비자와 고객들의 강화된 협상력과 정보 불균형의 극복으로 이제는 고객 또는 소비자가 거래에서 가진 힘이 더 커지고 있다. 이런 상황은 세일즈마케터들에게 새로운 과제를 던지고 있다. 이럴 때 세일즈마케터가 가진 궁금해 할 몇가지에 대한 답을 정리해 보았다.

1. 세일즈마케팅이 무엇인가요?

세일즈마케팅은 기업이 생산한 상품과 서비스의 가치를 논리적으로 구성해, 고객과 소비자가 가진 니즈(해결할 문제, 충족하고자 하는 욕구, 달성하고자 목표 등) 충족의 최선의 대안임을 알려 고객과 소비자가 스스로 구매하도록 설득하는 것이다. 세일즈마케딩이 상품과 서비스를 판매하는 것이다라는 생각은 과거의 패러다임이다. 미래의 세일즈마케팅과 세일즈마케터는 제품과 서비스가 가진 가치를 고객과 소비자가 제대로 인식하도록 해 스스로의 필요에 의해 구매결정을 하도록 설득할 수 있어야 한다. 에스키모인에게 냉장고를 팔기 위해서는 에스키모인들이 스스로 냉장고를 필요하도록 만들어야 한다. 이를 위해서는 에스키모인들의 생활패턴과 양식에 대한 이해가 필수적이다. 그들의 생활양식을 잘 살피면 그들이 냉장고를 구매해야 하는 이유를 발견할 수 있을 것이다. 따라서 세일즈마케팅의 핵심은 고객/소비자를 이해하는 것과 그들에게 제안할 제품/서비스의 가치를 아는 것 두 가지이다.

2. 왜 세일즈마케팅을 어려운 일이라 하나요?

실제 세일즈마케팅 현장에서 세일즈마케팅 업무를 하고 있는 실무자들에게 세일즈마케팅(그들은 판매라고 정의한)이 왜 어려운가?라는 질문에 대한 답은 가격이 비싸다, 고객/소비자가 관심을 보이지 않는다, 다른 거래처가 있거나 이미 구매했다, 등등이 나온다. 틀린 답이 아니다. 하지만 필자가 생각하는 가장 핵심은 "고객과 소비자가 필요로하지 않는 제품과 서비스를 판매하려 하기 때문"이라고 생각한다. 세일즈마케팅의 출발은 고객과 소비자의 흥미와 관심을 끌어내는 것이다. 이는 세일즈마케터가 고객과 소비자에게 제안하는 메시지가 매우 중요하다는 것을 의미한다. 하지만 많은 세일즈마케터는 고객과 소비자에게 제품과 서비스를 팔아야 되는 이유를 설명하는 경우가 많다. 이를 극복하는 방법은 다음의 사실을 이해하고 그에 맞는 세일즈마케팅 활동을 전개할 수 있어야 한다. 고객은 "필요한 것을, 필요할 때, 필요한 만큼, 자신이 원하는 방식"으로 싸게 사고 싶어 한다.

3. 바람직한 세일즈마케팅 활동은 어떻게 하나요?

흔히들 세일즈마케팅에는 왕도(王道)가 없다고 한다. 이 말에 필자도 동의를 한다. 하지만 왕도가 없다고 정도(定道)가 없는 것은 아니다. 바람직한 세일즈마케팅 활동은 다음의 몇 가지가 있다. 1)활동의 효과성과 효율성을 올려야 한다. 2)세일즈마케팅 활동은 관계(사회적인 관계, 비즈니스관계)에서 시작해 관계로 끝난다. 3)세일즈 마케팅은 이미 답이 있고 그 답을 발견하는 과학이 아니라, 대리석 속에서 조각상을 빚듯이 다양한 접근과 표현이 가능한 예술에 가깝다. 그래서 세일즈마케팅을 종합예술이라고도 한다. 4)세일즈마케팅을 잘 수행하려면 사회적 상상력이 뛰어나야 한다. 사회적 상상력을 활용하기 위해서는 시장, 고객/소비자, 제품과 서비스를 보는 기존의 패러다임을 새로운 패러다임으로 바꿔야 한다.

4. 접대를 잘 하는 방법은 무엇인가요?

접대는 고객과 소비자와의 관계구축을 위해서 반드시 필요하다. 하지만 접대가 세일즈마케팅의 성과를 결정하지 않는다. 고객이 원하는 접대는 계약을 위한 접대가 아니다. 접대는 품위있게 할 수 있어야 한다. 식사 한끼를 하더라도 접대의 방법과 시간 그리고 시나리오를 잘 갖춰야 한다. 고객과 소비자를 잘 이끌 수 있는 충분한 준비가 되어 있어야 한다. 술을 주로 하는 접대에서는 절대 먼저 취해서는 안되며, 고객을 끝까지 책임져야 한다. 하지만 이러한 세일즈마케터의 노력을 고객이 느끼지 못할 정도로 자연스러워야 한다. 대화소재 역시 충분히 준비를 해서 접대시간 내내 계약과 관련된 부담이 되는 소재를 접대 테이블에 올려서는 안 된다. 고객이 다시 한번 받고 싶은 접대를 해야 한다. 그리고 접대의 항목 역시 다양화할 필요가 있다. 과거의 접대 문화와 접대 패러다임에서 벗어나야 한다.

5. 세일즈마케터에게 전하고 싶은 메시지는 무엇인가요?

B2B세일즈마케팅이든 B2C세일즈마케팅이든 세일즈마케터는 고객과 소비자에게 구매의 정당성을 제공해 고객과 소비자가 스스로 구매하도록 해야 한다. 화려한 화술과 임기응변의 테크닉으로 세일즈마케팅의 성과를 보장 받는 시대는 지났다. 고객과 소비자는 자신의 필요에 의해 구매를 한다. 고객으로부터 당장 계약을 받고 싶은 것이 세일즈마케터의 기대이고 로망이지만 이 로망이 매몰되면 영원한 '을'에 머물 수 밖에 없다. 세일즈마케터는 '을'이 아니다. 세일즈마케터는 고객과 소비자의 삶의 풍요로움과 업무의 효율성, 기업고객의 목표달성을 도와주는 전문가이다. 이 사실을 잘 이해하고 세일즈마케팅 업무를 수행한다면 좋은 결과를 얻을 수 있을 것이다.

○ ○ ○ ○

2부는 1부와 달리 영업실무자들의 실수로부터 새로운 통찰을 얻을 수 있는 내용으로 구성하였다. 실수를 통해서 배우는 것이 성공을 통해서 배우는 것만큼 중요한 간접 경험이 되고, 자신이 혹시 저지를 지도 모르는 실수를 사전에 예방할 수 있는 기회가 될 것이다. 2부 내용을 통해서 발견할 수 있듯이 영업실패의 많은 부분은 영업실무자의 경험부족 혹은 시스템의 지원부족과 준비소홀 때문이다. 이는 경험을 통해서 극복할 수 있는 것들이지만, 다른 영업실무자들의 경험을 활용한다면 경험학습비용과 시간을 줄일 수 있을 것이다.

2

영업 실수 사례에서
배우는 영업 스킬

○ ○ ○ ○

성공을 자축하는 것도 중요하지만
실패를 통해 배운 교훈에 주의를 기울이는 것이 더 중요하다.

- 빌 게이츠

1

—

고객의 구매센터를 공략하라

B2B고객의 구매에는 다양한 구매관계자가 개입을 한다. 구매과정에 개입하는 고객의 구매관계자는 자신들의 역할에 따라 다양한 요구를 하고, 나름의 구매결정 기준을 갖고 있다. 영업실무자는 고객에게 제안을 할 때 고객의 구매결정 기준에 부합하는 제안을 해야 한다. 대표적인 구매관계자는 의사결정권자와 실무부서의 실무자이다. 다음의 사례를 통해 구매관계자 공략의 중요성에 대해 이해할 수 있을 것이다.

의약품 원료 보관, 부자재 보관 및 제품 보관을 위한 제약사의 공장 증설을 수주하기 위해 고객의 요청에 따라 다음의 제안서를 제출하였다.

-Rack Building AS/RS(보관량:2,304 Pallets)

-토목/건축 및 건축설비 포함

-Stack Crane:2대

-주요 입출고 설비:RTV 1대, AFV:3대

-정보 및 제어 시스템:1식

결과는 고객 내부 이해관계자들과의 관계구축 및 설득에 실패해 영업의 성과로 이어지지 않았다. 이후 내부적인 검토에 의한 영업실패 요인으로

① 고객의 선호업체 조건 파악이 미흡

② 영업 개시/본격적인 제안 직전 다양한 내부 의사결정 관련자와의 관계미흡(부사장, 전산실, SCM부서 등)

③ 당사 견적가 및 협상 금액이 사전에 노출된 것이 주요인으로 분석되었다.

위와 같은 상황의 발생은 조직 뿐 아니라 영업실무자의 의욕을 떨어뜨린다. 성공적인 B2B영업을 위해서는 고객의 구매상황과 전략에 대한 대응 전략 등 변화에 대한 다양한 대응 시나리오가 필요하다. 다음의 몇 가지 지침을 알아보자.

① 고객의 제안 및 입찰요청의 세부내용을 파악한 후 제안을 해야 한다. 제안서를 작성하는 데 소요되는 시간과 비용을 고려했을 때 효과적인 제안서 작성을 위한 충분한 정보를 파악해야 한다. 이 때 파악할 정보로는 물리적인 요구사항 뿐만 아니라 고객의 구매업무와 관련된 종합적인 정보를 파악해야 한다.

② 따라서 고객이 의사결정을 할 때 중요하게 생각하는 구매조건의

파악 등 구매와 관련된 정보를 파악한 후 대응할 필요가 있다. 이러한 정보를 파악하는데 도움이 되는 충분한 신뢰관계가 구축되어 있지 않다면, 즉 접촉하지 않는 고객으로부터 위와 같은 내용의 요청이 있을 경우에는 직접 만나는 기회를 만들어 필요한 정보를 파악해야 한다. 고객에 대한 충분한 정보가 활용되지 않는 제안 혹은 견적서는 들러리가 될 가능성이 아주 높다. 그리고 견적서는 제안서와 용도가 다르기 때문에 신중하게 제공해야 한다.

③ 사전영업을 통해 다양한 의사결정 관련자들에 대한 파악 및 그들의 관심사와 구매결정기준을 파악하는 것이 중요하다. 특히 의사결정권자의 기준과 실무부서 실무자 간의 기준 차이를 해결해 주지 못하면 영업의 성과로 이어지기는 어렵다. 위 사례에서 영업실무자가 고려해야 했던 구매관계자는 다음과 같다.

  i 의사결정권자

  ii 전산실 실무자 및 책임자

  iii SCM부서의 요구사항

④ 사전 영업활동으로 고객의 이해관계자와의 신뢰관계 구축에 노력을 기울여야 한다. 사전 영업활동은 고객의 구매업무가 시작되기 전의 영업활동을 말한다. 이 사전 영업활동을 통해서 영업실무자는 고객의 니즈 확인과 고객의 구매 패턴, 구매관계자들과의 공감대 형성과 신뢰구축이 가능하다.

⑤ 새로운 경쟁사에 대한 대비에 좀 더 철저했어야 했다. 기존 경쟁사 및 새로운 대체 경쟁사(IT기업이 건설사를 끼고 경쟁에 임하는 것 등)를 파악하고 그들과 차별화되는 제안이 필요하다. 그리고 사례에서

확인할 수 있듯이 기존의 경쟁사가 아닌 새로운 경쟁력을 갖춘 경쟁사의 출현을 예상하고 적절한 대응전략 수립이 요구된다. 고객의 공장건설 제안에 건설사가 주요 제안사가 아니라 IT기업이 주요 제안사가 되고 건설사가 서브가 되는 현실에서 새로운 솔루션 개발과 비즈니스 모델이 발생한 것이다.

⑥ 고객의 구매기준(기술, 스펙 등) 만들기 및 결정에 영향력을 미치는 기회와 역량을 갖추어야 한다. 건설사 제안과 IT기업 제안의 가장 큰 차이는 다음과 같다. 건설사는 공장 건설에 주안점을 두지만, IT기업은 공장 건설 후 공장 운영의 효율성에 더 큰 중요성을 강조할 수 있다. 공장을 건설하는 고객이 가장 중요하게 생각하는 것은 공장을 건설하는 것일까? 공장 건설 후 효율적인 운영을 하는 것일까? 고객의 구매 결정에 핵심적인 영향을 미치는 것을 발견하는 노력이 필요하다.

⑦ 이러한 고객의 구매결정 기준을 중심으로 경쟁사의 제안을 극복할 수 있는 자사의 차별화된 비교우위를 개발해 제안해야 한다. 이는 고객의 요구사항과 경쟁사의 제안내용을 예측하는 것이 우선 되어야 가능하다. 이후 자사 내부의 관련부서와 협의 및 정보 공유를 통해 고객의 마음을 움직일 수 있는 가치를 개발 및 제안하는 것이 요구된다.

⑧ 고객의 구매전략에 따라 당사의 견적가 및 협상가격이 다른 경쟁사에 공개될 가능성을 예측하고 대응할 수 있어야 한다. 경쟁사의 제안 수준을 확인하는 방법을 통해 자사 제안 수준의 공개 여부를 확인할 필요가 있다. 만약 고객이 경쟁사의 제안 수준을 알려주지 않고, 자사의 제안 수준을 경쟁사에 알린다면 고객과

의 관계구축에 더 신경을 쓰거나 아니면 매몰비용을 올리지 않는 것이 좋다.

⑨ 구매 프로세스에서 고객이 반드시 요구하는 단계가 있다면 이에 충실하게 대응해야 한다. 혹 고객에게 알려야 하는, 고객이 구매의 효율성을 위해 반드시 알아야 하는 자사의 차별화된 가치가

의사결정권자에게 고객 충성도를 유발하는 영업활동

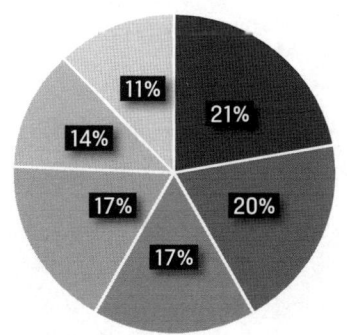

- 공급사에 대한 조식의 전반적인 지지
- 공급사의 접근용이성
- 공급사의 구매용이성
- 공급사의 대외협력성
- 공급사의 가성비
- 공급사의 유연성

있다면 이를 알리는 기회를 확보하는 노력을 해야 한다.

위의 그림은 B2B고객의 의사결정권자의 충성도를 유발하는 지표들이다. 의사결정권자들이 가진 공급사와 영업실무자에 대한 충성도는 고객의 공급사 교체를 방지할 수 있는 강력한 매력이 있다. 이 지표들은 영업실무자들의 영업활동 방향과 방법을 알려주는 지침이 될 것이다. 물론 최고의 공급사가 되기 위한 지침으로 기업의 대 고객 비즈니스 모델을 구축하는 데 도움이 될 것이다.

좀 더 구제적으로 고객사의 의사결정권자가 원하는 영업실무자와 공급사에 대해 정리하면 다음과 같다.

① 고객사의 의사결정권자에게는 공급사와 어떤 거래경험을 했느냐가 개별 영업실무자의 특성보다 거의 두 배 이상으로 중요성을 가지고 있다. 고객사의 의사결정권자는 공급사가 자신의 비즈니스에 구체적인 이익을 주기를 바란다. 세부적인 거래경험은 고객사의 실무자와 하는 것이다. 의사결정권자와 대화를 할 때는 결과중심, 자사의 지원과 솔루션으로 고객이 어떤 이익을 얻는지를 명확하게 전달해야 한다.

② 고객사의 의사결정권자는 자신이 조직이나 회사로부터 구매한다고 생각하지, 개인으로부터 구매한다고 생각하지 않는다. 따라서 영업실무자 개인의 능력보다는 회사의 전체 역량을 강조하는 것이 중요하다. 고객은 자신들의 비즈니스 성공과 발전에 필요한 솔루션을 제공해주는 비즈니스 파트너로서의 공급사를 원한다.

③ 고객사의 의사결정권자는 공급사로 인한 시간낭비를 원하지 않는다. 고객이 원할 때 즉시 솔루션을 제안하여야 한다. 고객사의 의사결정권자가 솔루션을 원할 때는 이미 실무자 차원에서 많은 고민과 검토가 진행되었다는 것을 의미한다. 따라서 실무부서 혹은 실무자와 나누는 대화내용과 비즈니스 과정의 내용을 듣기를 원하지 않는다. 실무자와의 사전 영업을 통해 고객이 원하는 솔루션을 준비해 고객사 의사결정권자가 솔루션을 원할 때 즉시 제안할 수 있어야 한다.

④ 간접통로로 의사결정권자를 공략하는 방법도 있다. 영업실무자가 고객사의 의사결정권자를 반드시 만나야 영업에서 성과가 일어나는 것은 아니다. 고객사의 실무자를 통해 조직과 상사에 보

고 할 수 있을 정도의 충분한 확신을 갖도록 설득을 하면, 고객의 의사결정권자는 실무자가 설득을 한다. 또 다른 커뮤니케이션 채널을 활용해 고객사가 자사의 솔루션을 통해 얻는 이익이나, 절감하는 비용의 최종결과를 알면 의사결정권자의 마음을 얻을 수 있다.

⑤ 고객사의 여러 곳에 있는 중요한 담당자를 파악하고, 관계를 맺고, 변화의 동기를 부여하면서 고객사의 팀 전체를 대상으로 기초를 단단하게 다져야 한다. 고객이 공급사를 선택할 때는 한 두 명이 의사결정을 하지 않는다. 게다가 고객사의 의사결정권자는 영업실무자와 공급사가 실무팀 및 팀의 구성원으로부터 강한 지지를 받고 있는지 알고 싶어 한다. 이를 위해서 영업실무자는 고객사 내부 이해관계자 간의 구매관련 컨센서스를 구축하는데도 영향력을 미쳐야 한다. 모든 구매관계자가 구매의 목표를 인지하고 영업실무자가 제안한 솔루션에 초점을 맞추도록 그들을 설득해야 한다.

실수 사례에서 배운 Action Idea

세일즈 리더십: 목표를 달성하는 영업전략을 기획하라

전략은 한정된 자원을 효과적이고 효율적으로 활용해 목표를 달성하기 위한 행동과 활동의 방향성을 결정하는 것이다. 영업전략은 조직의 비즈니스 전략과 마찬가지로 조직의 모든 역량을 기반으로 수립되어야 한다. 영업전략을 영업실무자 혼자서 수립하기에는 한계가 있다. 이유는 영업목표의 달성여부는 조직의 종합적인 역량을 얼마나 효과적이고 효율적으로 활용하는 가가 결정하기 때문이다. 영업현장에서 고객을 발굴하고 고객에게 구매욕구를 자극하는 가치 있는 제안을 통해 고객을 설득하기 위해서는 고객의 니즈와 문제를 해결하여 고객이 얻는 이익/가치인 솔루션을 제안해야 하는데, 그 솔루션에는 조직의 모든 역량이 활용되어야 하기 때문이다. 따라서 영업조직과 영업실무자는 다음의 몇 가지 조건을 염두에 두고 영업전략을 수립해야 한다.

첫째, 고객의 비즈니스에 대한 철저한 분석으로 고객중심의 영업전략이 수립되어야 한다. 고객이 가장 기대하는 비즈니스 파트너가 되기 위해서는 고객에 대한 이해가 우선이다. 고객이 기대하는 최고의 비즈니스 파트너는 더 많은 돈을 벌 수 있는 기회를 제공하거나, 창의적인 방법으로 비용을 절감할 수 있는 아이디어를 제안하는 공급사와 영업실무자이다.

둘째, 자사 내부의 역량에 대한 이해와 정보공유이다. 영업전략수립의 출발은 다른 부서와의 협력에서 시작되어야 한다. 차별화된 영업전략은 조직의 개발된 제품, 개발중인 제품, 조직의 기술력과 활용 가능한 외부의 기술력으로 고객이 기대하는 가치를 개발해 제안하는 것에서 가능하다.

셋째, 자사의 영업에 영향을 미치는 시장과 사회의 트렌드 등 거시환경의 변화 속에서 새로운 영업의 기회를 발견할 수 있어야 한다. B2B영업을 하는 영업실무자는 B2C기업에 영향을 주는 최종 소비자와 시장의 변화와 트렌드 속에서 자사 제품과 서비스, 기술이 필요한 산업과 업종 그리고 시장과 기업을 찾아야 한다. 최근의 가장 핫(HOT)한 트렌드 중 하나가 반려동물과 반려꽃이다. 이 두 가지의 트렌드는 1차 산업인 사료재배에서 4차 산업인 지식산업에까지 영향을 준다.

넷째, 영업실무자 개개인의 역량이 강화되어야 한다. 영업실무자의 강화된 역량은 영업전략의 실행수준과 더 많은 영업기회를 확보하는 데서 확인할 수 있다. 다양한 영업도구의 개발과 활용, 영업상황에 지혜롭게 대처할 수 있는 시나리오 개발과 활용, 시간과 공간 및 비용의 한계를 극복한 인터넷과 SNS활용 능력, 상담을 이끄는 능력, 협상을 잘해 이익을 더 많이 확보하는 능력 등이 영업전략의 실행력을 올릴 수 있다.

다섯째, 영업활동에 대한 정보 공유가 원활하게 이루어져야 한다. 이를 위해서는 교차기능팀을 영업실무자가 운영할 수 있도록 해야 한다. 교차기능팀은 고객의 문제해결과 고객에게 가치 있는 제안, 고객의 협상전략에 대응하기 위한 내부 관련부서와 정보를 공유하고, 고객에게 제안할 솔루션을 개발하기 위해서 필요하다.

여섯째, 고객의 구매전략과 구매가치 사슬에 대한 이해가 필요하다. 고객의 구매전략은 곧 영업활동의 내용과 방향성 그리고 이익수준까지 영향을 미친다. 고객의 구매전략에 영향력을 미칠 수 있는 영업전략을 수립해야 한다. 고객의 구매가치 사슬에 대한 이해와 분석은 영업의 접점을 확대하는 유일한 방법이다. 고객사 내부의 다양한 관련부서를 대상으로 영업 접점을 확대하는 것은 더 많은 가치 제안의 기회를 확장하는 계기가 된다. 더 많은 가치 제안 기회의 확대는 영업의 가능성을 한 단계 더 올려준다.

잘 수립된 전략은 영업목표달성의 기회를 넓혀준다. 조직의 모든 역량이 투입된 전략은 집중된 영업활동을 가능하게 한다. 고객의 비즈니스에 기반을 둔 영업전략은 차별화된 가치 개발을 가능하게 해 고객의 비즈니스 파트너가 될 수 있도록 한다. 이렇게 수립된 전략의 실행은 조직의 경쟁력을 강화시키고 더 많은 돈을 벌 수 있게 해준다.

○○○○

2

고객의 노회한 책략에 대비하라

영업실무자가 만나는 고객은 영업실무자가 생각하는 것보다 훨씬 노회하다. 이는 고객은 자신이 원하는 목표달성을 위해 영업실무자를 얼마든지 압박하거나 이용해도 된다는 잘못된 선입견 때문에 발생하는 것이다. 특히 대리점을 대상으로 영업활동을 할 때 영업실무자가 만나는 대리점 대표들은 대부분 경험이 많고 또 노회한 스타일을 가진다. 영업실무자는 고객의 노회한 거래스타일을 극복할 수 있도록 대비하지 않으면 영업실무자의 많은 노력이 물거품으로 된다. 다음의 사례가 이 사실을 잘 나타내 준다.

페인트 기업의 영업실무자인 S과장은 복합대리점을 운영하는 고객인 대리점 사장으로부터의 요청에 의해 새로운 비즈니스 기회를 잡을 것 같았다. 고객과의 대화 내용은 다음과 같다.

대리점 사장 : 과장님! 물량이 많은데 견적서 단가 좀 잘해서 보내

주세요.

S 과장 : 물량이 어느 정도 되시며 원청 업체가 어디 입니까?

대리점 사장 : 25억원 정도의 물량이 될 것 같으며 K중공업㈜ 수빅

　　　　　　조선소 입니다.

S과장 : 알겠습니다. 견적서 검토 작성 하여 송부해 드리겠습니다.

며칠 후

S과장 : 대리점 사장님에게 견적서 송부해 드렸는데 가격이 어떠하

　　　　십니까?

대리점 사장 : B 사에서 보내준 견적서 가격과 차이가 나네요. 대략

　　　　　　5~7% 정도 과장님 견적서가 비싸네요.

S과장 : 필리핀 수빅조선소라고 하셨는데요, 수출관련 조건들은 어

　　　　떻습니까?

대리점 사장 : B 사에서는 다 알아서 보내준다는데요.

S과장 : 그럼 B 사 견적가격 수준 대비해서 2% 정도 낮게 맞춰 보도

　　　　록 하겠습니다.

대리점 사장 : 그렇게 해주세요. 그러면 과장님 회사의 제품으로 확

　　　　　　정하여 업무진행 하겠습니다.

위와 같은 대화전개로 대리점 사장은 몇 차례 경쟁사인 B사와 견적
가격 정보를 양사에 서로 흘리는 방법으로 경쟁상황을 만들었고, 그
결과 각 사의 견적가격은 모두 최저가격으로 내려가게 되었다. 그래
도 고객의 마지막 말을 믿은 S과장은 이 후의 계약 후 업무 수행을
준비하던 중 계약이 경쟁사인 B사로 되었다는 소식을 듣게 되었다.
실망을 한 S과장은 다양한 루트를 통해 원인을 파악한 결과 고객인
대리점 사장이 경쟁사 영업실무자의 접대를 받고 K중공업에 당사

의 견적서가 아닌 경쟁사의 견적서를 제출하였다는 것을 알게 되었다.

고객의 구매전략과 전술을 모두 파악할 수는 없다. 하지만 고객은 언제나 자신에게 유리한 파트너를 찾고, 그들과 일을 하고자 한다. 이 유리함의 기준과 내용은 고객에 따라 다르다. 영업실무자는 고객의 구매전략과 전술(책략)에 휘둘려서는 안 된다. 영업실무자는 고객과 진행하는 영업상황을 주도할 수 있어야 한다. 사례와 같은 고객의 책략에 당하지 않기 위한 몇 가시 시침을 제안한다.

① 고객의 거래, 비즈니스 성향을 파악하라. 물론 고객의 성향을 파악하는 것만으로는 안 된다. 영업실무자 개인적으로나 조직의 지원으로 이러한 성향에 지혜롭게 대처할 수 있어야 한다. 고객과의 상담과 과거 거래 패턴 등을 파악해 잘 정리하고 상황에 따라 정보를 분석해 고객의 구매전술을 예상하고 대응해야 한다. 일반적인 고객의 구매성향은 다음과 같다.

i 가격 탄력성이 매우 높은 가격중심으로 구매하는 고객

ii 인간관계 및 개인적인 목표(이익, 접대 등) 중심으로 구매하는 관계를 중시하는 고객 - 위 사례의 고객

iii 구매의 결과 및 구매목표를 중요하게 생각하는 비즈니스 성과를 중시하는 고객

iv 필요할 때만 거래를 하는 거래성 고객

v 일상적 구매를 하는 고객 등이 있다. 영업실무자는 자신과 거래를 하는 고객의 구매속성을 파악해 그에 적절한 영업방법을 개발해야 한다.

② 대부분 이런 고객은 대리점을 운영하기 전 현업에 대한 다양한 경험을 갖고 있거나, 기업의 영업부장, 도장부장, 기술팀 등의 경험을 갖고 있거나, 영업실무자의 상사 혹은 업무와 관련된 사람들을 알고 있다. 따라서 이러한 고객의 요청 즉 위와 같은 상황에서는 고객의 요청에 대한 대응만 할 것이 아니라, 고객과 공동 프로젝트로 입찰하는 등의 업무를 진행하는 것이 좋다. 영업실무자의 공동 프로젝트 수행 제안에 보여주는 고객의 반응으로 고객의 업무 스타일과 앞으로의 업무진행 방향을 파악할 수 있다.

③ 접대 역시 영업의 방법이다. 고객이 접대를 원한다면 접대를 하되, 기회가 되면 접대비용과 고객이 얻는 이익을 계산해 고객에게 알려주는 것도 괜찮다. 영업실무자가 지불하는 접대비용이 고객의 이익에 어떤 영향을 미치는 지를 알려주어야 한다. 그렇지 않으면 고객은 접대를 당연한 것으로 받아들인다.

④ 복합대리점의 특성에 맞는 영업실무자의 적절한 대응이 필요하다. 복합대리점을 운영하는 고객은 한 기업에 충성도를 보이지 않는 것이 일반적이다. 사례와 같은 판매기회에서 고객은 어떤 것이든 자신이 얻고자 하는 것을 얻으려는 노회한 전략을 구사한다.

⑤ 다른 경쟁사의 제안 조건을 세부적으로 확인하고, 고객의 총 구매이익을 분석해 고객의 마음을 잡아야 한다. 대부분의 경우 위와 같은 상황에서 고객은 양다리 걸치기 식의 경쟁전략으로 자신의 이익을 확보하려는 노력을 한다. 고객이 다른 경쟁사와 비교를 하지 않도록 사전에 매력적인 가치를 제안하는 것이 필요하다.

⑥ 고객과의 긴밀한 관계구축을 통해 고객의 마음을 잡아야 한다. 그래도 고객은 자신이 얻는 이익이 많은 쪽을 선택할 것이다. 영업실

무자가 자신을 판다는 것의 의미는 위의 상황에서 고객이 영업실무자와의 약속을 지키는 관계를 구축하는 것이다. 영업실무자가 자신을 판다는 것의 결과로 고객이 마음대로 행동해도 되는 것으로 고객이 받아들이도록 해서는 안 된다.

⑦ 내부 영업시스템 구축으로 일정금액 이상은 공동 프로젝트로 수행을 하는 것이다. 이는 조직의 정책적인 결정이 있어야 한다. 공동 프로젝트의 장점과 이익을 고객에게 충분히 인지시켜야 한다.

⑧ 고객의 노회한 전술에 대응할 수 있는 내부 팀 영업시스템 구축이 필요하다. 이 정도의 영업기회라면 영업실무자 선에서 고객과 대화를 하는 것이 아니고, 상사 혹은 조직차원의 지원을 함으로써 고객의 변덕에 대응할 필요가 있다. 물론 영업실무자의 상사와 고객과의 관계수준을 활용할 수도 있다.

⑨ 최종 고객을 통한 영업전개 방향과 내용 파악 및 고객의 니즈를 정확히 파악한 후 차별화된 제안서를 제출하는 것이 필요하다. 다른 경쟁사가 제안하지 않거나 못하는 추가 가치를 제안해 최종 고객의 선택을 끌어내는 것이다. 이를 위해 총 구매비용 절감 및 구매 가치 사슬 분석을 통한 각 단계의 가치 제안을 하는 것도 좋은 방법이 된다. 이를 위해서 대리점 고객과의 긴밀한 관계구축으로 팀 영업을 하는 것이 필요하다.

⑩ 위 상황의 전개 이후 미래의 거래지속과 재발 방지를 위해 대리점에 예상되는 불이익을 알려줄 필요가 있다. 의도적으로 고객과의 거래관계를 바꾸는 것도 고려해 보는 것이 좋다. 즉 지금까지의 관계성 관계를 거래성 관계로 만드는 것도 방법이 될 수 있다.

⑪ 세일즈 프로모션을 활용해 고객의 고객인 K중공업이 자사의 가치

를 알도록 해서 자사를 선택하도록 하는 것이다. 컴퓨터 칩을 생산한 인텔이 '인텔 인사이드'라는 브랜드로 최종 소비자를 움직여 컴퓨터 제조기업을 움직인 것과 같이…

실수 사례에서 배운 Action Idea

78개 현장사례에서 배우는 Sales Leadership
영업실무자가 묻고 세일즈마스터가 답하다

3

—

융통성을 발휘하라

영업실무자의 융통성은 고객과 협상을 할 때 매우 중요한 역할을 한다. 고객의 니즈(원가절감, 업무효율성 달성, 경쟁력 강화 등)를 충족시키는 영업활동에서도 융통성(솔루션 개발을 위한 교차판매, 외부자원 활용, 내부협의 등)이 필요하지만, 협상 상황에서는 더욱 더 필요한 역량이다. 다음의 사례를 통해 융통성의 힘을 알아보자.

반도체 영업을 하는 영업실무자 D씨. 기존 고객인 북미의 바이어로부터 제품에 대한 견적을 요청 받았다. 고객은 평소 1,000달러에서 2,000달러 정도의 거래만 해 오던 고객이었으나, 이번에는 10배 가량을 구매하겠다고 하면서 가격에 대한 협상(15% 할인)을 요청하였다. 영업실무자 D씨는 자신이 가진 가격협상에 대한 권한의 부족과 고객이 필요하면 구매를 할 것이라는 판단 하에 가격에 대한 협상 가능성을 일축하자 고객은 구매를 하지 않고 떠나가 영업의 기회를 잃었다.

영업실무자의 반응을 고객이 어떻게 받아들이는가는 고객의 문제이다. 위 사례에서 처럼 고객의 판단(가격 협상이 불가능하다)과 다른 대안의 선택은 영업실무자의 반응과 메시지에 영향을 받는다. 따라서 영업실무자의 메시지에는 항상 재 협상의 가능성이 포함되어야 한다. 물론 그 가능성이 모두 가능한 것은 아니겠지만, 특히 협상 상황에서는 영업실무자가 어떤 조건이든 협상 가능성이 있다는 융통성을 고객이 인식하도록 하는 것이 중요하다.

① 영업실무자는 자신의 입장을 고수하되 고집이 되어서는 안 된다. 고객이 고려할 수 있는 여지(협상 가능성)를 제안해야 한다. 너무 단정적인 방법으로 메시지를 전달하지 마라. 고객 역시 영업실무자의 제안에 수정제안을 하거나, 역제안을 할 수 있는 기회가 있다는 것을 알아야 협상을 지속하고자 하는 판단을 한다.

② 내부협의를 진행하라. 영업실무자의 협상권한(일반적으로 가격을 깎아줄 수 있는 권한)이 제한적으로 주어진 것은, 그 권한을 벗어난 고객의 요구에 대해서는 상사 혹은 조직 내부 관계자와 협의를 하라는 것이다. 영업실무자는 자신의 권한 한계를 조직의 협상력으로 전환해 사용할 수 있어야 한다.

③ 창의적인 방법으로 협상의 파이를 키우는 협상을 하라. 이를 위해서 다양한 거래조건을 협상 테이블에 올려놓고 합의를 위한 조건으로 활용할 수 있어야 한다. 협상 테이블에 오르는 것(협상에서 합의를 봐야하는 거래조건들)에는 가격 만이 유일한 조건은 아니다. 계약의 이익

수준에 영향을 미치는 조건(납기, 결제통화, 보험, 운송방법, 포장 등)들을 모두 활용할 수 있어야 한다.

④ 자신의 판단으로 짐작하거나 단정하지 마라. 특히 고객의 상황에 대해서는 충분한 정보를 수집하기 전에 미리 단정 짓지 말아야 한다. 위 사례에서 영업실무자가 저지른 실수 중 하나는 고객의 대안(BATNA - 최적의 협상대안)을 고려하지 않은 것이다. 그리고 고객의 구매 상황 역시 너무 단정적으로 판단을 한 것이다.

⑤ 항상 고객이 고민하게 하고, 커뮤니케이션과 만날 수 있는 기회를 확보할 수 있어야 한다. 영업실무자는 어떠한 상황에서는 자신이 메시지로 고객과의 대화가 끊어지도록 해서는 안 된다. 고객이 고민하도록 하는 제안의 메시지를 활용해야 한다. 설령 영업실무자의 제안을 고객이 받아들이지 않더라도 고객이 고민을 하고, 다시 만나거나 대화를 이어갈 수 있는 여지를 남겨주어야 한다. 제안이 거부된 상태에서 대화가 끊어지면 다시 대화를 진행하기가 어려워진다.

⑥ 고객의 이면과 협상가능 범위를 파악하라. 고객의 요구는 요구일 뿐이다. 고객의 욕구는 겉으로 표현된 요구와 다를 수 있다. 따라서 고객의 요구를 결정사항(변하지 않는 상황, 조건)으로 받아들이기 전에 고객의 욕구를 파악하는 노력을 해야 한다. 이 때 활용할 수 있는 협상기술이 등거리 법칙이다.

⑦ 고객의 비즈니스 전망, 성장가능성 등을 파악하라. 고객의 상황을 단정 짓지 말고 고객의 변화된 상황에 맞는 대응이 필요하다. 고객의 구매물량이 늘어난 이유를 파악하고 대응을 해도 늦지 않을 것이다. 고객의 비즈니스에 대한 스펙트럼을 넓혀야 한다.

실수 사례에서 배운 Action Idea

세일즈 리더십: 회복탄력성을 키우는 낙관성

셀리그만 교수의 연구에 따르면 낙관적인 영업실무자가 덜 낙관적인 영업실무자보다 20% 이상의 판매실적을 올리고, 비관적인 영업실무자보다는 50% 더 많이 판매하였다고 한다.

영업실무자의 하루 일과에서 발생하는 외부의 자극과 메시지들은 영업실무자의 에너지를 소모하게 만든다. 고객의 거절, 상담실패, 고객의 무리한 요구, 고객의 불평, 약속취소, 계약깨기, 고객의 거래처 전환, 그리고 내부에서의 목표달성 촉구 등 많은 메시지들이 영업실무자들을 힘들게 한다. 물론 계약이라는 성취감을 주는 일도 일어난다. 중요한 것은 긍정적이고 낙관적인 영업실무자와 비관적인 영업실무자 사이에 일어난 일과 사건/상황에 대한 해석과 믿음, 그리고 결론이 다르다는 것이다.

자신에게 일어난 사건에 대해 자신에게 설명을 할 때 낙관적인 사람과 비관적인 사람은 그 설명양식이 다르다. 좋은 일에 대해서 낙관적인 사람은 내부 탓에, 항상, 늘, 어디서나 일어나는 것으로 설명을 하는 반면, 비관적인 사람은 외부 탓, 가끔, 특별히 일어나는 것으로 설명을 한다. 나쁜 일에 대해서는 낙관적인 사람은 외부 탓, 일시적, 가끔, 일부 절망 속에서 희망을 보는 반면, 비관적인 사람은 내부 탓, 늘, 언제나, 전부 그리고 절망 속에서 희망을 보지 못한다. 기쁜 일이든, 어려운 일이든 비관적인 양식으로 설명을 하는 것보다 낙관적인 양식으로 설명하는 것이 스트레스를 덜 받고, 우울증에서도 쉽게 벗어나며, 새로운 도전을 할 수 있는 에너지를 끌어낼 수 있다.

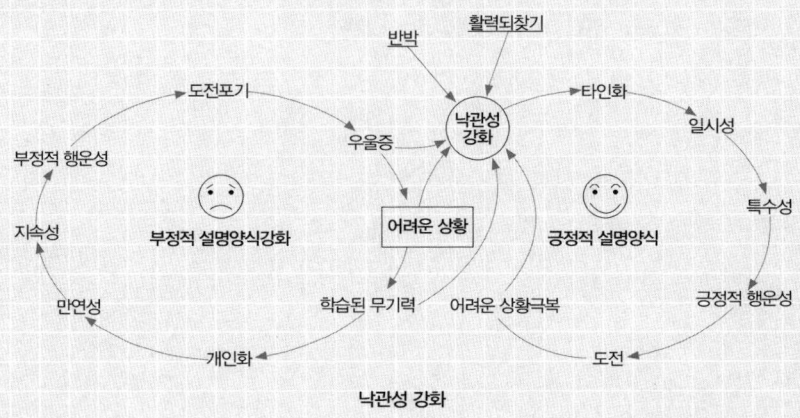

낙관성 강화

낙관성을 강화하기 위해서는 학습된 무기력에서 벗어나야 하고, 이를 위해서는 자신에게 일어난 사건과 일에 대한 설명양식을 바꿔야 한다. 셀리그만 교수에 따르면 우선 쉽게 할 수 있는 것이 발생한 시간과 일에 대한 설명양식을 정리하고 비관적인 설명양식에 대해 반박을 하며, 활력을 일으키는 설명양식으로 바꾸는 연습을 하는 것이다. 사례를 하나 들어보자. 신규고객을 확보하기 위한 전화를 20건이나 했는데 한 건도 성공하지 못한 영업실무자가 '나는 되는 게 없어, 이것은 멍청한 짓이야, 늘 그렇듯이 얻은 결과가 하나도 없잖아, 완전히 시간과 에너지만 낭비했잖아.' 그래서 영업실무자가 좌절감을 느끼고 자신의 능력에 대해 확신을 덜 가진다면 이러한 자신의 왜곡된 믿음과 결론에 대한 반박을 하고 다시 활력을 끌어내는 설명양식으로 바꿔야 한다. '이제 겨우 20곳에만 전화했잖아, 아직 15곳이 더 남았어. 지금까지의 전화는 상대방이 다른 일 때문에 바쁠 때라서 그랬을 거야, 지금부터는 달라질 거야, 그래도 20가지의 안 되는 방법을 알았잖아. 10분 쉬고 다시 시도해 보는 거야.' 다시 활력을 되찾기 위해서 '이렇게 하면 내가 다시 심기일전해서 전화를 할 수 있고, 더 효과적인 방법을 활용하면 좋은 결과가 있을 거야.'라는 설명 양식을 바꿈으로써 다시 활력을 찾고 재도전하며, 스트레스에서 벗어날 수 있을 것이다.

낙관성과 자신에 대한 설명을 가장 극적으로 보여준 사례가 2016년 리우 올림픽 펜싱에서 금메달을 딴 박상영 선수의 '할 수 있다'라는 자기 암시이다. 이 말을 되뇌면서 학습된 무기력에서 벗어나고, 스스로에게 상황에 대한 설명을 낙관적이고 긍정적으로 바꿈으로써 새로운 에너지를 되찾은 것이다.

영업실무자들에게 낙관성을 강화시키는 훈련은 영업성과 향상에 긍정적인 영향을 줄 것이다. 물론 지나친 낙관성은 금물이다. 고객과 가격협상을 할 때, 고객의 부정적 반응에 대응할 때, 고객의 니즈를 발견하고 제안을 할 때 등 민감하고 중요한 상황에서는 비관적인 사고가 더 좋은 결과를 가져올 수도 있다. 비관성은 상황을 좀 더 예민하게 관찰하고, 세심한 솔루션을 마련하며, 발생할 수 있는 다양한 상황에 대한 대응법을 개발하는데 도움이 된다. 문제는 지나친 비관성이 야기하는 부정적 행동과 태도(좌절, 포기, 스트레스, 우울증 등)를 벗어날 수 있어야 한다.

결론적으로는 낙관성과 비관성의 조화가 필요하되, 가능하면 낙관성을 갖는 것이 더 좋은 결과로 이어진다는 사실이다. 더 많은 성과를 원한다면 영업실무자와 영업조직에 낙관성을 강화할 필요가 있을 것이다.

4

고객이탈에 신속하게 대응하라

　기존 고객은 지금까지 우리보다 더 나은 대안을 찾지 못한 고객이다. 이 말에 함축된 의미를 잘 살펴야 한다. 영업실무자가 올려야 하는 영업의 성과는 기존 고객과 신규 고객을 통해서 가능하다. 이는 영업의 정석이다. 기존 고객을 통해 영업의 성과를 올리는 것과 신규 고객을 발굴해 영업의 성과를 올리는 데는 시간과 비용의 차이가 크다. 일반적으로 이 비용은 1/6이라고 한다. 기존 고객을 잘 관리해서 추가 성과를 올리는데 소요되는 비용이 신규 고객을 발굴해서 영업의 성과를 올리는데 6배의 비용이 덜 드는 것이다.

　영업실무자는 기존 고객의 이탈을 최대한 막아야 한다. 고객이 이탈하는 이유는 여러 가지가 있을 수 있다. 다음 사례와 같이 고객은 자신의 이탈을 사전에 알려주지 않는다.

　　난연재와 산화방지재를 고객사에 납품을 하는 S기업의 영업실무자

A씨, 그간 거래를 해온 H기업과의 거래가 갑자기 끊겼다. 이에 A씨는 고객사의 구매부와 연구소를 통해 관련제품의 생산에 어려움이 있다는 것임을 파악하였으나 특별한 조치를 취하지 못하고 있었다. 그리고 7-8개월 후 구매담당자가 교체된 사실을 알고 인사를 하러 갔다가 경쟁사와 거래를 하고 있다는 사실을 알았다. 그리고 경쟁사와 거래를 하는 이유가 가격 때문이라는 것도 알게 되었다.

① 고객의 구매 패턴의 변화에 민감해야 한다. 특히 고객 입장에서 자신들의 비즈니스와 업무목표 달성에 중요한 구매를 하는 경우에는 아주 전략적인 구매를 한다. 즉 고객은 자신의 구매비용 절감을 위해서는 가능한 한 모든 방법을 활용한다. 수년간 거래를 해 온 거래처가 있어도 고객은 자신들에게 유리한 대안을 늘 찾고 있다. 영업실무자 혹은 공급사는 항상 최고의 대안이 되기 위한 노력을 끊임없이 해야 한다.

② 고객의 반응 이면을 파악하는 노력이 필요하다. 생산의 어려움이 있다는 정보를 파악하였으면 그 원인이 무엇인지를 구체적으로 파악하고 신속하게 대안을 마련해야 한다. 고객의 이탈 증상을 발견하고도 적절한 조치를 취하지 않는 것은 곧 고객으로 하여금 이탈의 당위성을 제공하는 것과 같다. 이후에 어떤 조치를 취하더라도 이미 늦은 것이다.

③ 구매부서를 통해 생산에 어려움이 있다는 것을 확인하였다면 실무부서 즉 생산부서를 통해 실질적인 정보를 파악할 필요가 있다. 고객의 진짜 문제가 무엇인지를 파악하기 위해서는

i 고객이 이면을 파악하는 커뮤니케이션 기술

ⅱ 고객사 내부 챔피언을 활용해 정보를 파악

ⅲ 다양한 이해관계자를 통한 고객의 상황분석

ⅳ 고객의 구매속성을 분석해 고객의 구매동향 파악 등의 방법을 활용할 수 있어야 한다.

④ 고객의 내부 경영목표, 업무 목표와 전략 등을 파악하고, 고객의 구매 관련 총 비용을 지원하는 영업활동이 필요하다. 구매부서의 목표인 구매비용 절감을 위해 생산부서의 업무차질을 핑계로 공급사를 바꾸기도 한다. 물론 실제로 생산에서 문제가 발생했을 수도 있다. 생산부서의 업무목표 변화 혹은 생산계획의 변화가 원인일 수도 있다. 이러한 변화에 대응을 하고 고객의 이탈을 막으려면 계약 후의 고객관리에 좀 더 집중할 필요가 있다.

⑤ 왜 기존 구매담당자가 가격문제를 이야기 하지 않은 것일까? 진정으로 고객이 기존 공급사와 거래를 지속하려는 의도가 있다면 자신들의 문제를 솔직하게 전달하고 적절한 솔루션을 요청할 것이다. 그러한 요청 없이 고객이 이탈을 하였다면, 고객과 영업실무자 간의 관계에 충분한 신뢰가 쌓이지 않았다고 보인다. 영업실무자와 고객 사이의 관계수준은 고객이 결정한다. 고객은 자신에게 꼭 필요한 제품 뿐 아니라 자신에게 도움이 되는 공급사 및 영업실무자와는 관계를 스스로 깨지는 않는다.

⑥ 고객사의 제품 생산 흐름 등을 파악함으로써 생산에 어려움이 있는 원인을 파악하는 노력이 필요하다. 이를 위해서는 고객의 구매 가치 사슬 분석을 통해 고객의 어려움을 사전에 파악해 새로운 가치를 제안할 수 있어야 한다. 고객의 구매가치 사슬은 '필요발견 ~ 구매 ~ 저장 ~ 설치 ~ 사용 ~ 처분'으로 이어진다. 각 단계에서

현재 무슨 일이 일어나고 있는지, 각 단계에서 고객이 예상하지 않은 비용이 발생하지는 않는지, 각 단계에서 고객이 비용을 줄이거나, 더 많은 이익을 볼 수 있는 기회는 무엇인지를 사전에 발견하고 적절한 조치를 취할 수 있어야 한다.

실수 사례에서 배운 Action Idea

5

고객의 변덕에 대비하라

고객은 자신의 변덕은 당연한 것으로 생각한다. 자신의 구매상황인 기업의 경영전략이 바뀌거나, 마케팅 전략의 변경, 판매기회의 감소로 인한 구매조건의 변화 등으로 인한 구매취소 등이 공급사와 영업실무자에게 어떤 부담을 주는지를 고려하지 않는다. 당연히 발생된 비용에 대한 책임 역시 지지 않는다. 따라서 다음의 사례와 같은 상황에 영업실무자는 능동적이고 지혜롭게 대처해야 한다.

식재료와 식재료 보관통을 영업하는 영업실무자 K씨에게 식품업체 중견기업에서 식재료 및 보관통 구매를 위한 연락이 왔다. 고객사가 요청한 식재료는 가격이 비싸고 시장도 작았다. 하지만 새로운 영업 기회라고 판단한 K씨는 사이즈 별로 샘플링을 하고 사용부서와 협의 후 납품을 하였다. 하지만 1주일 후 고객사는 사정이 변했다며 반품을 해왔다.

① 고객이 요청한 제품에 대한 시장분석이 부족하였다. 특히 기존 제품과는 다른 제품에 대한 고객의 요청에 대해서는 충분한 분석을 통해 만약의 상황에 충분히 대비를 해야 한다. 필요하다면 고객과 공동으로 시장 개발을 위한 프로젝트로 바꿀 수도 있어야 한다. 고객의 동의가 쉽지 않을 수 있지만 이 과정을 통해 고객의 새로운 시장에 대한 준비수준과 성공 가능성을 파악할 수 있을 것이다. 이에 따라 자사 및 영업실무자의 투자범위와 수준을 결정할 수 있이야 한다.

② 고객이 공략하려는 시장과 비즈니스 전략을 파악해야 한다. 고가의 작은 시장을 고객이 왜 공략하려 하는지를 파악해야 한다. 경영목표나 전략에 의한 추진인지, 마케팅 부서의 실험수준인지를 파악할 필요가 있다. 고객이 해당 비즈니스에 투자하는 수준에 맞춰 자사의 투자 수준을 결정할 필요도 있다.

③ 반품의 원인을 파악하라. 가격인지, 시장이 작아서인지, 아니면 식재료 노하우 카피를 위해서인지 기타 원인을 분석해 내부의 대응전략을 구축할 수 있어야 한다. 이 원인 속에서 새로운 비즈니스의 기회를 발견할 수도 있다.

④ 고객이 요구하는 제품의 규모나 성장성이 성공 가능성이 낮다고 판단되면 반품조건을 까다롭게 협의할 필요가 있다. 이를 영업실무자 선에서 결정할 수 없다면 시스템적인 지원(영업기획부서의 분석 등)을 받아야 한다. 조직도 이러한 시스템이 있다는 것을 영업실무자들이 인지하고 활용하도록 해야 한다.

⑤ 고객사와 긴밀한 관계구축을 통해 고객의 구매센터, 비즈니스에 대한 정보를 파악한 후 대응해야 한다. 특히 신규 고객일 경

우 더 신중하게 대응하는 것이 필요하다. 영업실무자와 공급사는 고객의 비즈니스 파트너가 돼야지, 고객이 언제든 이용하고 필요없으면 마음대로 관계를 끊는 소모적인 관계가 되어서는 안 된다.

⑥ 단순한 영업 또는 제품 판매에서 시장과 비즈니스의 잠재력을 분석하는 능력이 요구된다. B2B영업은 단순히 자사 제품과 서비스를 판매하는 역할이 아니다. 자사의 비즈니스와 고객의 비즈니스를 연결해 새로운 부가가치를 창출하는 관계를 구축해야 한다. 이를 위해서는 자사의 제품과 서비스를 구매하는 고객의 비즈니스에 대한 충분한 이해가 전제되어야 한다. 가능하다면 고객의 비즈니스에 대한 방향설정에도 영향을 미칠 수 있어야 한다.

실수 사례에서 배운 Action Idea

6

기대이상을 제공하라
영업과정에 정성을 보여라

영업실무자는 고객과 만나고 상담을 하는 것이 영업활동의 목표가 되어서는 안 된다. 영업상담은 영업의 성과를 올리는 수단이자 영업과정의 한 부분이다. 따라서 영업실무자에게는 고객과 어떤 상담을 하였는가 보다는, 상담의 결과가 어떠했는지가 중요하다. 고객 역시 자신이 상담을 하는 영업실무자가 유능해서 자신의 독특한 요구까지도 해결해 주기를 바란다. 고객이 구매에 대해서 보다 신뢰를 갖고, 구매의 정당성을 찾을 수 있도록 도와주는 영업활동을 실행해야 한다.

규모가 꽤 큰 한의원 프랜차이즈 단체로부터 생식제품 납품에 대한 제의가 들어왔습니다. 당연한 영업활동으로 저희는 견적서와 샘플을 직접 들고 가서 상담하며 거래처 담당자에게 전달하였습니다. 하지만 경쟁사에서는 거래처 담당자를 직접 지방에 있는 경쟁사의 공장에 초청하고 왕복 비행기 티켓을 제공하고 가격도 낮추는 등 저희보다 공격적인 영업활동으로 인해 저희는 납품을 할 수가 없었습니다.

지금 돌아보면 당연한 결과이긴 합니다. 사전에 이번 교육을 받고 대처했더라면 결과가 어떻게 되었을지 모르겠습니다. 지금도 이런 거래처 발굴과 관련하여 비슷한 경우가 계속 발생하고 있습니다.(국내, 해외 바이어 상담 후 거래성사가 안 되는 경우가 발생합니다.)

고객과 상담을 한다는 것은 고객의 니즈를 파악하고 자사의 솔루션에 대한 가치를 인식시켜 고객이 구매결정을 하도록 고객을 설득하는 것이다. 이 과정에서 고객이 자신들의 구매에 대한 일말의 불안감을 주어서는 안 된다. 필요하다면 고객이 자신의 구매에 대해 더 강한 신뢰와 확신을 갖도록 구매의사 결정을 지원해 주어야 한다.

① 자사의 영업패턴 혹은 프로세스를 점검할 필요가 있다. 고객과 상담을 진행하는 상담표준 시나리오를 만들어 모든 영업실무자들이 활용하도록 해야 한다. 상담의 내용과 방법 역시 자사위주인지, 고객위주인지를 점검하고 필요하다면 고객위주로 바꿔야 한다. 영업은 고객이 구매하도록 설득하는 비즈니스 활동이다. 따라서 이에 적절한 영업 프로세스와 시나리오의 준비가 반드시 필요하다.

② 고객의 기대이상 영업활동을 통해 고객과의 거래에 정성을 다해야 한다. 이를 통해 고객이 구매과정에서 혹은 구매 후 갖게 될지도 모를 불안감을 해소해 주어야 한다. 때로는 고객이 의사결정을 하는데 필요한 중요한 기준을 알려줄 필요도 있다.

③ 자사의 역량을 보여줄 수 있는 다양한 기회를 활용해야 한다. 자사가 고객의 비즈니스를 위해 어디까지, 무엇을 할 수 있는가를 기회가 주어질 때마다 알려야 한다. 필요하다면 경쟁사와도 협력할 수 있다는 세일즈 리더십을 보여 주어야 한다.

④ 상담을 하기 전이나 상담을 하면서 앞으로의 상담 로드맵을 수립해 고객과 공유할 수 있어야 한다. 고객 역시 한 번의 상담으로 구매결정을 하려 하지 않는다. 고객이 구매의 정당성을 갖도록 필요한 활동과 메시지를 상담의 순서에 맞게 준비하여야 한다.

⑤ 고객과 전개하는 상담의 내용을 분석해 보아야 한다. 제품과 조직 그리고 서비스 종류의 나열인지, 고객의 가려운 곳을 긁어주는 고객중심의 상담인지 고객입장에서 분석할 필요가 있다.

실수 사례에서 배운 Action Idea

7

초기접근의 방어막을 뚫어라 –
Cold Call을 잘하는 방법

영업실무자들이 가장 힘들어하는 것 중 하나가 전화를 통한 고객과의 첫 대화이다. 이 대화의 목적은 고객의 흥미를 유발해 다음 영업활동(방문, 제안서 제출 등)의 약속을 받는 것이다. 하지만 이 전화(Cold Call이라고 한다)를 이용한 대화는 한계가 있다. 그래서 영업실무자의 전화(Cold Call)가 다음 사례와 같은 상황으로 이어진다.

저는 경남 00지역에서 사무기기 대리점을 운영 중입니다. 신규 거래처 확보를 위해 기존 거래처 담당자에게 인근의 소위 잘 나가는 조선업체의 관계자를 소개받았습니다. 그 담당자는 소개받을 분에게 미리 연락을 취해준다는 배려도 잊지 않았지요. 그런데 그분이 워낙 바쁘니 미리 시간을 정하지 않으면 만나기 힘들 거라 했습니다. 당연히 저는 약속을 잡기 위해 전화를 했습니다. 결론부터 말씀 드리면 강력한 퇴짜를 맞았습니다. 통화 내용은 아래와 같습니다.

78개 현장사례에서 배우는 Sales Leadership
영업실무자가 묻고 세일즈마스터가 답하다

본　인: 안녕하십니까! 전 00사무기기 00점의 이 장석이라고 합니다. 000과장님 맞으신가요?

거래처: 네. 그렇습니다만 어떤 일로 전화하셨나요?

본　인: 아예~ 다름이 아니라 000거래처 000씨 소개로 전화 드렸습니다. 찾아뵙고 인사 드려도 되겠습니까?

거래처: 무슨 일로 찾아오신다는 거죠?

본　인: 아~예~ 그러니까 찾아뵙고 사무기기 임대와 소모품 관련된 질김빙법 혹은 시비스 빙빕에 대해 밀씀드리려고 합니다.

거래처: 임대나 소모품은 충분히 싸게 쓰고 있고, 서비스는 어떻게 잘해 준다는 겁니까?

본　인: 저는 임대 조건이나 소모품 단가도 말씀 안 드렸는데, 비교도 안 해 보시고 그렇게 단정하시는 건가요?

거래처: 아~글쎄 우린 통상적인 가격보다 훨씬 싸게 쓰고 있으니까 그건 아실 필요 없고요. 서비스는 어떻게 잘해 준다는 건지나 말해보세요.

본　인: 아~ 그걸 찾아뵙고 말씀드리면 안되겠습니까?

거래처: 아니, 만날 필요가 없다고 하는데 군이 왜 찾아오시려 하세요? 서비스나 말해보세요!

본 인: 예~ 저희는 자사 기기만 아니라 타사 기기도 무상보증을 포함해 모든 부분의 수리가 가능하고, 장시간 수리 입고 시 동급사양의 기기로 대체도 해드립니다. 그리고 인근 지역까지는 서비스 센터가 없다 보니 사각지대라 할 수 있습니다. 전문기술력이 부족한 컴퓨터 수리업체나 사무기기 업체에 의존도가 높아 과다한 출장비나 수리비를 청구하는 사례가 많

습니다. 그러한 부분을 저희가 절감해 드리겠습니다.

거래처: 에~ 우리 회사는 S사 제품 밖에 안 쓰는데 지금 서비스하는 사람이 S사 서비스 출신이라 다 잘 봐주고 있고, 관리 받는데 아무 불편함이 없으니 안 오셔도 됩니다. 그럼 회의 들어가야 돼서 이만 끊겠습니다.

본 인: ....

이 책을 읽는 영업실무자인 독자 역시 위와 같은 경험을 많이 했을 것이다. 그러한 경험을 할 때마다 약간의 좌절감도 느꼈을 것이다. '왜 고객은 나를 만나려 하지 않는가? 우리 제품과 서비스 그리고 가격을 알면 도움을 받을텐데...'라는 생각을 해 보았을 것이다.

영업실무자의 전화를 기다리는 고객은 그리 흔치 않다. 대부분의 고객은 자신의 업무처리에 바쁘다. 그래서 자신과 자사에 꼭 필요한 제품이고 서비스임에도 불구하고 영업실무자의 접근을 반기지 않는다. 따라서 고객에게 전화(Cold Call)를 할 때는 상담을 준비하는 만큼의 준비를 해야 한다. 위 사례를 통해 영업실무자가 알아야 하는 전화(Cold Call)거는 방법에 대해 알아보자.

① 고객이 요청한 서비스 부분에 대한 설명이 너무 장황하였다. 영업실무자는 고객이 누구든 얼마든지 시간을 할애해 전화통화를 할 수 있지만 고객은 그렇지 않다. 따라서 고객에게 전화를 할 때는 고객의 흥미를 끌 수 있는 핵심 메시지를 준비해야 한다. 일반적이고 두루뭉술한 메시지로는 고객의 흥미를 끌 수가 없다.

② 고객의 반응으로 판단해 긴 설명보다는 비교자료를 먼저 보내는 것을 제안할 수 있어야 한다. 전화(Cold Call)의 목적은 상담 약속을

잡거나, 고객의 흥미를 끄는 것이다. 전화로 판매하려는 것이 아니다. 따라서 Cold Call은 1분 내로 마무리해야 한다. 상황에 따라서 고객이 질문을 하는 경우에는 질문에 대답은 하되 가급적 직접 만나는 것의 가치를 충분히 알려야 한다. 아니면 고객의 질문에 대응하는데 소요되는 시간을 미리 알려 고객의 반응을 살필 필요도 있다. 통화가 길어질 경우에도 먼저 자료를 보내고 다시 통화를 하거나 방문하는 것을 제안할 수도 있다.

③ 추친 고객과 추친 빋은 고객과의 관계를 파악해야 한다. 따라시 소개를 받았다고 무턱대고 000의 소개라고 전화하지 말아야 한다. 추천 고객은 상대방에 대해 호감을 갖고 있을지 몰라도, 추천을 받은 고객은 그렇지 않을 수도 있다. 따라서 좋은 방법은 추천 고객이 먼저 통화를 해 달라고 요청하는 것이다.

④ 추천한 고객의 성과와 소개 이유를 간략하게 그리고 핵심만 전달해야 한다. 가능하다면 추천 고객의 이익을 문서화(숫자. 그래프)해 활용하는 것도 좋은 방법이다.

⑤ 가능하다면 소개 받은 고객에 대한 자세한 정보를 파악하는 것이 좋다. 특히 추천하는 고객에게 추천 받는 고객에 대한 정보요청을 통해 추천 받은 고객의 수준(거래 가능성. 반응의 수준 등)을 파악할 수 있다. 사례에서는 다음의 정보를 물어보는 것이 필요했다.

i 추천 받은 고객의 기존 거래처

ii 기존 거래처와 추천 받은 고객과의 관계

iii 기존 거래처에 대한 반응과 평가

iv 추천 받은 고객의 문제

v 추천 받은 고객이 속한 기업의 구매 패턴

vi 개인적인 특성: 성격, 기호, 업무방식 등

고객에게 전화를 하기 전에 전화를 위한 준비를 해야 한다. 준비내용으로는 다음의 내용을 준비하면 된다.

① 자사의 차별화된 개발과 근거자료의 준비

② 고객의 상황과 예측한 니즈

　i 구매비용 관련

　ii 사용 관련

③ 고객의 긍정적인 반응과 관심을 유발할 수 있는 강력한 세일즈 톡 개발이 왜 전화했는가? 어떤 제품인가? 어떤 도움이 되는가? 등의 질문에 대한 대답으로 고객의 흥미를 유발하는 메시지

④ 고객의 거절에 대해 대응할 수 있는 시나리오.

다음으로 고객에게 전화를 할 때 다음의 사항을 지켜야 한다.

① 명확한 메시지로 간단명료하게 통화한다. 전화는 얼굴을 보지 않은 상태이기 때문에 대화의 수준은 순수하게 메시지로 결정이 된다. 애매모호한 메시지는 부정적인 반응을 유발한다.

② 고객이 설명을 요구할 때는 세일즈 톡으로 핵심내용을 설명한다. 그리고 설명에 소요되는 시간을 미리 고객에게 허락을 받는 것도 유용한 방법이다.

③ 누가 소개를 했는지, 그 고객이 얻는 이익은 무엇인지를 명확하게 전달하면서, 소개 이유를 밝혀야 한다. 이를 위해서는 고객이 다른 고객을 추천해 줄 때 충분히 파악해야 한다.

④ 일반적으로 경쟁사 서비스 등과 비교한 데이터(비용절감 내용)를 숫자로 제안할 수 있는 준비를 해야 한다.

⑤ 고객의 말을 잘 듣고, 고객의 말을 끊어서는 안 된다.

⑥ 전화를 거는 자세와 태도 역시 매우 중요하다. 비록 고객이 직접 확인할 수 는 없지만 전화를 거는 태도와 자세, 표정 등은 목소리 만으로도 어느 정도 느낌을 잡을 수 있다.

마지막을 고객에게 전화(Cold Call)를 걸 때 활용할 수 있는 메시지(시나리오) 구조는 다음과 같다.

① 담당자 파악 전화(Cold Call)

    i 인사 및 소개

    ii 가치 제안(고객을 위해 하는 일)

    iii 담당자 파악

    iv 마무리

② 실무자와 상담 약속을 위한 전화(Cold Call)

    i 인사 및 소개

    ii 가치 제안

    iii 배경과 사례

    iv 약속제안

    v 마무리

③ 추천, 소개를 받은 후 전화(Cold Call)

    i 인사 및 소개

    ii 추천자 및 추천자의 성과

    iii 추천이유

    iv 약속제안

    v 마무리

④ 정보파악 후 전화(Cold Call)

실수 사례에서 배운 Action Idea

8

고객의 구매책략에 대비하라

구매비용 절감은 모든 기업이 가장 쉽게 원가 및 비용을 줄이는 방법이다. 하지만 이는 영업실무자들에게는 극복해야 하는 또 하나의 도전이다. 영업실무자의 효과적인 대응이 없다면 대부분은 영업의 실패로 결과가 나타난다. 다음의 사례와 같이 영업실무자의 모든 노력과 활동이 고객의 구매비용 절감에 이용될 뿐이다.

고객이 자사와 경쟁사로부터 견적서를 받은 후 자사에 재 견적을 요구하였습니다. 저는 회사와 협의를 한 후 고객의 요청에 따라 처음 견적보다 낮은 금액을 제안하였고, 결과를 기다렸습니다. 하지만 그 사이에 고객사의 상급자와 경쟁사의 상급자가 연락을 해 자사와 경쟁사 견적 수준의 중간에서 결정을 하고 경쟁사와 계약을 하였다는 것을 나중에 알게 되었습니다.

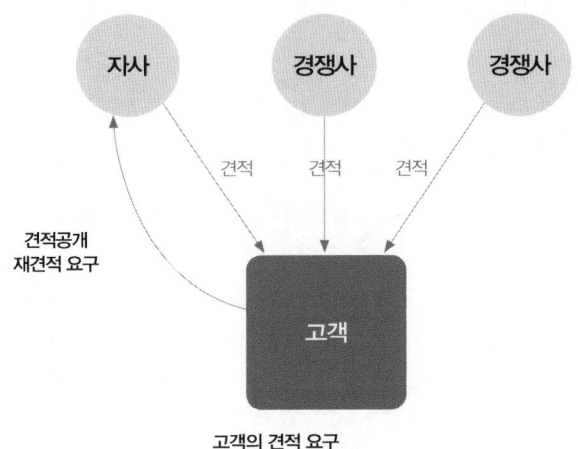

견적공개
재견적 요구

자사　경쟁사　경쟁사

견적　견적　견적

고객

고객의 견적 요구

　영업실무자로서는 약간의 배신감을 느낄 수도 있는 상황이다. 하지만 고객입장에서는 자신들의 결정에 영향을 미치는 많은 요인들을 고려한다. 특히 구매실무자가 자신의 상사가 가진 권한을 극복할 수 있을 만큼의 설득력 있는 가치 제안이 아니라면 대부분은 상사의 업무스타일과 결정에 의해 공급사는 선택이 된다. 따라서 영업실무자는 고객 내부의 이해관계자와 다양한 의사결정 패턴에 대한 이해와 그에 따른 영업활동이 필요하다. 사례와 같은 일을 근원적으로 막을 수는 없지만 영업활동에 도움이 될 만한 몇 가지 지침을 정리하면 다음과 같다.

① 고객이 영업실무자가 제안한 견적서를 타 경쟁사에 공개할 가능성은 항상 존재한다. 이를 막을 수 있는 방법은 비즈니스 룰을 지켜주기를 바라는 것 밖에는 없다. 이러한 상황에서 견적서를 영업의 성과로 연결할 수 있는 유일한 방법은 차별화된 가치를 제안하는 방법 뿐이다.

② 고객의 요청을 바탕으로 고객의 구매전략을 예측해 볼 수도 있다. 실무자와의 미팅을 통해 고객사의 구매의사결정 패턴을 확인해야 한다. 그리고 이번 거래와 관련해 검토중인 대안의 종류와 각 대안들의 제안수준에 대한 정보도 파악해야 한다.

③ 고객의 구매전략을 이해하고 대응하는 준비가 요구된다. 고객의 구매전략은 다음의 그림과 같다.

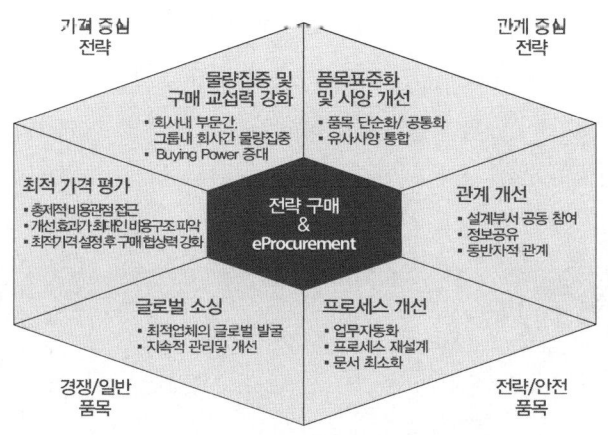

고객의 구매 전략

출처: IEL Sales Model 중에서

위 그림은 최근 기업들이 구매비용 절감을 위해 활용하는 구매전략들이다. 이 전략들은 구매목표를 달성하기 위한 것들이고, 사례 속의 상사 간의 대화를 통한 결정은 그 실행방법 중 하나가 된다. 그림의 내용을 참고해 영업실무자들은 각 구매전략에 적절한 대응을 할 수 있는 준비를 해야 한다.

④ 고객에게 가격을 깎아 주기 전, 고객의 선택가능성을 확인하는 것

이 필요하다. 이를 위해서는 상담을 하고 있는 실무자의 구매권한을 확인해야 한다. 실무자의 구매권한 여부에 따라 영업진행의 방향을 결정해야 한다.

⑤ 안전장치를 위해 자사의 영업활동에도 상사간의 커뮤니케이션 창구를 마련해 놓아야 한다. B2B영업은 조직 간의 비즈니스를 성사시키는 활동이다. 상황과 필요에 따라서 조직의 모든 역량을 활용해야 하고 구성원의 지원을 받아야한다.

⑥ 고객 내부의 구매의사 결정과정에서 실무자의 힘이 결코 작지 않다. 따라서 경쟁사가 제공하지 못하는 가치 개발 및 제안으로 실무자에게 구매의 정당성을 알리고, 내부의 구매의사결정과정에 적극적인 제안을 하도록 필요한 자료를 제공해야 한다.

실수 사례에서 배운 Action Idea

9

작은 실수가 큰 실패를 부른다

영업실무자의 작은 실수는 고객입장에서는 영업실무자의 능력 뿐만 아니라 공급사로서 기업의 역량 판단에 부정적인 영향을 미친다. 고객이 전화로든 이메일로든 제품과 서비스에 대한 문의를 한다는 것은 구매과정이 진행되고 있거나, 구매를 위한 내부 검토를 하고 있다는 것을 의미한다. 따라서 신속하게 대응을 하되 고객이 충분히 자사의 역량을 파악할 수 있는 정보를 제공해야 한다. 다음 사례를 한번 보도록 하자.

영업 초년생 시절 고객이 설비 스펙에 대해 궁금한 부분이 있다면서 전화로 문의를 하면, 구두로 간단히 답변해 주는 것이 나의 임무를 다했다고 생각하고 맘 놓고 있다가 실적을 놓친 적이 많았습니다. 나중에 알고 보니 똑같은 스펙에 대한 문의를 경쟁사에 했을 때에 경쟁사는 고객이 원하는 스펙 외의 정보까지 비교분석하여 데이터를 수치화하여 정말 보기 좋게 PPT 자료로 만들어 제공하는 것을 보고 고객에 대한 마음가짐과 판매하겠다는 의지가 많이 부족하다고 스스로 느꼈습니다. 그 이후로는 고객이 스펙에 대한 자료를 요청하면 고객이 비교판단 가능하도록 수치화 데이터를 만들어 제공하는 것이 버릇이 되었습니다.

① 고객의 문의에 신속하게 대응할 수 있는 영업자료를 준비해야 한다. 일반적인 제품 소개자료와 고객 맞춤식의 제안이 필요하다. 고객은 문의를 할 때 공급사와 영업실무자가 자신들이 원하는 자료를 충분히 제공해 주기를 기대한다. 즉 문의를 하는 실무자가 자신의 조직과 상사에게 보고할 수 있는 자료를 기대한다.

② 고객에게 자료를 보내기 전 고객의 문의를 정확하게 파악할 수 있는 질문이 준비되어야 한다. 이는 고객의 니즈를 정확하게 파악을 해 고객의 요구에 맞는 자료를 제공하기 위해서이다. 고객의 니즈에 맞는 제안서 혹은 자료는 고객이 검토를 할 것이고, 그 결과에 따라 영업의 방향과 성과가 결정된다.

③ 영업실무자 특히 신입 영업실무자의 실수를 방지하기 위해서는 영업 상담 매뉴얼을 갖추고 표준화시켜 고객의 문의에 대응할 수 있어야 한다. B2B영업은 고도의 전문성을 요한다. 영업활동은 영업실무자 혼자서 결정하고 수행하는 것이 아니다. 신입 영업실무자가 경험학습을 통해 영업의 성과를 올리기를 바라는 영업조직은 많은 비용이 소요될 뿐만 아니라 영업경쟁력도 떨어진다. 경험학습의 비용을 줄이고, 영업 경쟁력을 갖추면서 영업실무자를 정예화시키기 위해서는 영업지원 시스템, 영업 매뉴얼 및 영업 시나리오가 갖춰져 있고, 이것이 모든 영업활동의 근간이 되어야 한다.

실수 사례에서 배운 Action Idea

2. 영업 실수 사례에서 배우는 영업 스킬

10

—

유능한 영업실무자는
가격문제에 흔들리지 않는다

　　　　　　　　　　　　　고객은 가격으로 구매하지 않는다.
고객은 자신이 지불하는 가격보다 구매 후 자신이 누릴 가치가 더 크기
를 기대하고, 이러한 기대에 확신이 있기 때문에 구매결정을 한다. 따라
서 영업실무자의 역할은 자사의 제품과 서비스가 고객에게 어떤 가치가
있는지를 알리고, 구매의 정당성을 알리는 것이 핵심이다. 가격은 고객
이 언급하기 전에 절대로 먼저 이야기해서는 안 되고, 고객이 가격에 대
한 문의를 하더라도 먼저 가치를 알리는데 집중해야 한다. 고객은 저렴
한 제품을 구매하기 전에 자신에게 얼마나 필요한지를 먼저 검토한다. 다
음의 사례를 통해 가격과 가치에 대한 패러다임을 바꾸기를 바란다.

　　제가 다니는 회사는 포장완충제를 만드는 회사 입니다. 회사는 24
　　년 정도 되었고 나름의 기술과 노하우로 매년 상당한 매출증가가
　　이루어지고 있습니다. 하지만 단점은 다른 업체에 비해 가격경쟁력

이 떨어진다고 것입니다. 개발은 어렵지만 따라하기는 쉽다 보니, 작은 업체에서 단가 조정을 하여 들어오면 바로 구매처가 바뀌는 상황이 많이 발생합니다. 그리고 장점이라면, 24년 경력으로 인한 개발력과 노하우, 철저한 납기, 포장업체 인맥이 있는 것 같습니다. 이런 이유로 영업하기는 조금 힘든 점이 많은 듯합니다.

제가 처음 신규 영업을 할 때 겪은 이야기를 해 드리면 다음과 같습니다. 전화를 하고 미팅 날짜를 잡고, 미팅시 그쪽도 사원이다 보니 제가 하지도 않은 이야기를 다해주고 진행은 잘 되었던 것 같습니다. 고객은 새로운 제품의 개발보다는 기존에 사용되던 자재의 단가를 줄이고, 수량이 적은 물건을 만들 곳을 찾지 못하는 것이 문제였습니다. 저는 당사가 그게 가능하다고 판단하고 다음날 견적서를 보내 드렸습니다. 저희는 최대한 가격을 낮게 해드렸는데, 고객사가 현재 구매하는 것보다 가격이 비싸다는 통화 이후로 전화를 못하고 있습니다. 한달 정도 지났고요.

어떤 식으로 진행을 해야 할지 모르겠더라고요 ^^ 그래서 그냥 바쁘다는 핑계로 연락을 안 했습니다. 연락도 오지 않았고요.

이제 문제는 무엇인지는 알 것 같습니다. 하지만 저는 단가가 비싸면 누가 쓸까 라는 생각이 자꾸 들어서 영업하는 게 자꾸 걸리는 것 같습니다.

위 사례에서 영업의 결과가 어떻게 되었을까? 아마도 영업의 기회를 놓치지 않았을까 하는 생각이 든다. 가격에 대해 저항을 하는 것은 고객의 당연한 반응이다. 필자는 개인적으로 가장 무능한 영업실무자를 가격 때문에 영업을 할 수 없다고 말하는 영업실무자라고 생각한다. 가격에 대해 영업실무자가 민감할 수 있다. 하지만 가격은 고객의 문제이지, 영업실무자의 문제가 아니다. 다음의 지침을 따라 가격에 대한 부담을 줄이고 가치 중심의 영업활동을 전개하면 좋겠다.

① 가격이 비싸다는 것은 고객이 그냥 하는 소리이다. 대부분의 고객은 영업실무자가 제안한 가격에 불만을 표시한다. 이는 고객이 영업실무자의 반응을 살피기 위한 의도가 숨겨져 있다. 우려가 되는 사실은 고객의 이러한 반응에 많은 영업실무자들이 가격을 깎아주는 제안을 한다는 것이다. 그리고 가격이 비싸다고 하는 고객이 구매를 하지 않겠다는 것은 아니다. 고객의 구매욕구를 먼저 살펴야 한다.

② 가격이 비싸다는 것은 고객의 주관적인 판단이다. 고객에 따라 가격이 전혀 문제가 되지 않기도 한다. 고객이 궁금한 것은 '가격을 얼마나 깎아주는 가'가 아니라, '자신의 니즈를 얼마나 충족시켜 줄 것인가'이다. 따라서 가격을 객관화 시켜야 한다. 그 방법으로 가치 때문에 많은 고객이 구매를 한다는 사회적인 근거를 사용해 가격을 객관화 시켜야 한다.

③ 영업실무자는 가격문제를 떠안지 말아야 한다. 고객이 도움을 요청할 때까지 영업실무자는 가격을 깎아주는 등의 조건 영업을 해서는 안 된다. 고객과 가격 협상을 하는 기본적인 원칙이자, 협상의 레버리지를 유리하게 움직일 수 있는 방법이다.

④ 보내준 제안서나 견적서의 검토결과를 확인하는데 주저하지 마라. 그 결과 역시 확인하기 전에는 영업의 기회가 사라졌다고 단정 짓거나 추측하지 마라. 때로는 고객의 의사결정을 촉구할 필요도 있다. 고객

이 망설이고 있다면 그 이유를 파악하고 해결해 주도록 해야 한다.

⑤ 고객의 요구 수준을 확인하는 노력을 해야 한다. 특히 가격에 대해서는 명확하게 고객이 원하는 수준을 알아야 적절한 대응을 할 수 있기 때문이다. 고객이 가격에 대해 요구하는 수준을 파악해 협상의 여지를 판단해야 한다. 물론 고객이 무리한 요구를 할 수 있다. 하지만 이것이 두려워 고객의 요구수준을 파악하지 않으면 영업의 기회가 사라진다.

⑥ 고객의 요구 수준은 고객의 요구일 뿐이다. 고객의 요구 수준에는 항상 협상의 여지가 있다. 고객의 요구는 요구일 뿐이고 욕구가 아니다. 고객의 요구수준에서 협상의 여지를 판단하는 기술이 요구와 욕구를 구분하는 것이고, 등거리법칙이다.

⑦ 고객에게 자신의 니즈를 해결하는 것의 이익을 강조해 고객의 반응을 살핀다. 고객이 얻는 가치가 가격보다 훨씬 높거나 많다는 것을 알리는 메시지를 통해 고객의 진짜 욕구가 무엇인지를 파악해야 한다.

⑧ 지금도 그 문제의 해결책을 찾고 있는지 확인하는 전화를 해 본다. 문제를 해결 했는지를 확인하는 것도 좋다. 어차피 거래는 상호간의 필요에 의해 성사된다. 고객의 필요를 다시 확인하면서 단절된 커뮤니케이션의 기회를 만들어야 한다. 가격문제를 해결해 주기 위해서가 아니라, 고객의 문제를 해결해 주기 위해서 전화를 한다고 알리면 된다.

⑨ 고객은 기본적으로 2~3번은 거절을 한다는 구매전략의 진리를 기억하고 적절하게 대응하는 태도와 자세가 필요하다. 그리고 고객의 거절은 오늘 구매하지 않겠다는 것이다. 고객의 거절에 두려움을 갖지 말고 지속적으로 연락하고 커뮤니케이션을 해야 한다.

실수 사례에서 배운 Action Idea

78개 현장사례에서 배우는 Sales Leadership
영업실무자가 묻고 세일즈마스터가 답하다

세일즈 리더십: 최고의 영업실무자는 개발이 가능하다

최고의 영업성과를 달성하는 영업실무자는 그 능력을 타고나는 것일까? 개발되는 것일까? 혹자는 최고의 영업실무자는 그 재능을 타고나는 것이라고 한다. 하지만 이는 100% 진실이 아니다. 만일 최고 영업실무자가 그 능력을 선천적으로 타고나는 것이라면 신입 영업실무자가 관리자(영업경험 10년, 차·부장 등)들보다 훨씬 뛰어난 성과를 올리는 일이 일어나야 한다. 그리고 최고 영업실무자의 능력이 타고나는 것이라면 최고 영업실무자를 채용할 수 있는 선발기준을 마련해 채용을 하면 최고 성과를 올리는 영업실무자를 확보할 수 있어야 한다. 하지만 현실에서는 이러한 일은 거의 일어나지 않는다. 최고의 영업실무자/사원은 개발되고 양성될 수 있다는 것이 필자의 생각이다. 적절한 기준에 의한 인재 선발과 효과적인 교육과 훈련 그리고 경험이 가능하다면 최고의 성과를 올리는 영업실무자를 보유할 수 있다. 영업실무자의 능력은 회사의 매출과 이익을 결정하고, 시장에서 기업의 역량과 가치를 결정한다. 따라서 조직의 성공과 비즈니스 역량 수준을 결정짓는 영업실무자들을 개발하기 위한 체계적인 교육훈련이 필요하다.

한때 국내에서도 유행했던 제록스 사의 PSS영업훈련 과정이 있었다. 제록스 사의 내부 분석에 의하면 이 훈련과정을 마친 후 30일이 지나면 훈련 받은 내용의 87%를 잊어버린다고 하였다. 따라서 1명의 직원에게 10만원의 교육훈련 비용을 사용했다면 30일 후에는 1만3천원만 회수된다는 것이다. 이러한 결과의 원인은, 교육훈련 후의 모니터링 시스템과 강화 시스템의 부재 때문이다. 즉, 교육훈련 후 그 내용의 현장 적용은 교육을 받는 직원이 알아서 해야 한다고 방치하기 때문에 교육훈련의 효과가 낮은 것이다. 또 하나의 이유는, 영업현장과 교육-실무와 이론-은 다르다는 인식이 바탕에 깔려 있기 때문이기도 하다. 이를 극복할 수 있는 '교육 후 피드백 시스템'을 갖추는 것이 필요하다.

　따라서 유능한 영업실무자를 양성하는 방법은 영업실무자 선발과 개발을 시스템적으로 하고, 교육훈련의 성과를 공유할 수 있는 내부 문화를 구축하는 것이다. 우수한 인재를 영업실무자로 선발할 수 있는 시스템을 갖추어야 한다. 그리고 교육훈련 30일 후 87%를 잊어버리는 것이 아니라 30일 후에도 교육훈련의 내용이 영업실무자의 행동으로 나오도록 하면 된다. 이를 위한 방법은 교육훈련과 코칭, 멘토링, 인정과 보상 등을 활용한 강화 시스템의 구축이다. 다른 직무 교육과는 달리 영업 교육훈련은 반드시 관리자 혹은 리더의 코칭과 멘토링이 병행되어야 하고, 교육훈련이 가져온 성과에 대한 인정과 보상이 함께 수행되어야 한다. 물론 교육훈련 과정을 선택할 때 역시 신중을 기해야 하는 것은 당연하다. 영업 교육훈련이 콩나물에 물을 주는 형식이 되어서는 안 된다. '자사 영업특성-고객의 구매전략과 특성-요구역량 규명-역량활용 시스템구축-영업활동 표준화-그리고 이에 맞는 영업교육훈련의 선택 혹은 개발과 실행-사후강화 시스템의 가동' 등의 순서로 영업실무자의 교육훈련이 이루어져야 한다. 1회성의 특강, 이벤트성 교육훈련, 남이 하니까 따라 하는 교육훈련으로 영업실무자의 역량이 개발되기를 바라지 말아야 한다. 간헐식 교육도 다른 어떤 직무교육보다 영업교육에 유용한 방법이다. 필요하고 가능하다면 자사 만의 영업실무자 선발 및 양성 프로그램을 개발해 활용할 수 있어야 한다. 성공을 원하는 조직이라면 영업실무자들의 능력을 개발할 수 있는 기회와 시스템 그리고 인정과 동기부여 문화를 구축하여야 한다. 그리고 영업실무자의 역량강화를 위한 기업의 노력과 병행해서 영업실무자 스스로도 자신의 역량개발을 위한 노력을 해야 한다. 조직이 제공해주는 교육훈련에 영업실무자 스스로의 자기계 발 노력이 함께 이루어질 때 기업의 영업력과 영업실무자 개인의 역량은 강화될 것이다. 영업실무자의 역량은 곧 기업의 역량이고, 영업실무자의 성과는 곧 기업의 성과를 결정한다. 최고의 영업실무자는 타고나는 것이 아니라 얼마든지 개발이 가능하다.

11

—

다양한 변수에 대응하라

신규 고객을 발굴하고 계약에 이르기까지는 많은 일들이 일어나고, 극복할 많은 장애물들이 발생한다. 이것들을 모두 예측할 수도 없고, 또 모두 극복할 수도 없다. 다음의 사례에서 알 수 있듯이 생각지도 못한 방법으로 영업의 기회가 경쟁사의 것으로 될 수도 있다.

2012년도 여름 대전의 모 건설회사에 주택자재 가공을 위한 목재 가공 공장 설비라인에 대해 견적을 제출한 적이 있습니다.

초기에는 다른 경쟁업체인 S사로 거의 결정된 것을 저희가 한 발 늦게 정보를 받아 경쟁에 뛰어 들었습니다. 하지만 지역의 유력한 인사로부터 적극적인 추천과 지원을 받아 실무담당 이사를 만날 수 있었고, 2~3차례 식사와 간단한 술자리도 나누었지요.

당시 저희 회사의 1년치 영업량에 해당하는 물량이었고, 마침 고객

78개 현장사례에서 배우는 Sales Leadership
영업실무자가 묻고 세일즈마스터가 답하다

과 제가 같은 학교의 선후배 관계인 것까지 알게 되어 수주는 따 놓은 당상으로 마음 놓고 있었습니다.

그러나 결과는 경쟁업체에 수주를 빼앗겼습니다. 사후 들리는 이야기는 물량을 빼앗길 것을 우려한 경쟁업체에서 그 실무이사에게 선금으로 엄청난 액수의 베팅을 때렸다고 합니다. 그 영업의 실패가 당시 영업을 자신하던 내게 엄청난 후유증으로 충격을 주고 힘들게 했습니다.

강한 후원세력이 뒤에 있었고, 하연으로 이어져 초형초제까지 했지만, 커미션이라는 돈의 위력 앞에는 못 당한다는 것을 뼈저리게 느꼈습니다. 심지어는 형제 간에도 거래에는 영업비가 필요하다는 것을 깨달았지요.

① 접대와 대접을 구분하라. 접대와 대접은 단어 차이는 거의 없지만 그 의미는 상당히 차이가 난다. 접대는 내가 필요해서 행하는 것이고, 대접은 상대가 원해서 행하는 것이다. 영업실무자들은 고객에게 접대 대신에 대접을 할 수 있어야 한다. 어찌됐던 접대와 대접은 중요한 영업도구 중 하나이다. 가급적이면 접대보다는 대접을 하기를 바란다. 자신이 원해서 대접을 받는 고객은 무엇인가 영업실무자에게 유용한 정보를 준다. 고객이 원하지 않는데 영업실무자가 원해서 하는 접대는 자제하는 것이 좋다.

② 고객의 성향을 파악하고 대응하라. 비즈니스 특성상 혹은 비즈니스 관례상 제공해야하는 비용이 있다. 이 비용을 꼭 지불해야 할 때 혹은 고객이 요구할 때는 과감하게 제공해야 한다. 물론 바람직한 방법은 아니지만 비즈니스 특성상 어쩔 수 없는 비용도 있다는

것을 알아야 한다.

③ 경쟁사의 영업방식을 파악하고 대응하라. 자사와 마찬가지로 경
쟁사 역시 이번 거래에 성패가 달려있을 수 있다. 그렇다면 그들의
전략을 예측할 수도 있을 것이다. 업계의 영업 패턴과 방식을 파악
하면 경쟁사의 움직임을 예측할 수 있을 것이다.

④ 관계구축에 좀 더 신중을 기할 필요가 있다. 사례에서만 본다면 고
객이 경쟁사의 제안을 공개할 수도 있을 텐데, 공개하지 않은 것은
왜 일까? B2B비즈니스에서는 개인적인 관계와 거래적인 관계가
다르다. 고객이 원하는 것이 선금이라면 이를 제공하지 않아도 되
는 만큼의 관계를 구축하지 않으면 고객은 거래적인 결정을 한다.
이는 엄격한 현실이다. 또한 고객은 유력인사의 지원과 학연이라
는 것에 오히려 부담을 느꼈을 수도 있다.

실수 사례에서 배운 Action Idea

12

고객의 냉정함에 대응하는
영업 시나리오를 구축하라

영업실무자가 고객을 만나 상담을 전
개하거나, 고객과 접촉을 할 때 모든 상황이 우호적이면서 영업실무자가
준비한 대로 상담이 진행되지 않는다. 예기치 않은 상황 혹은 고객의 업무
중심적인 태도 등으로 당황하게 될 수도 있다. 다음의 사례와 같이…

고객의 요청에 의해 관리자 리더십 교육을 제안하러 간 영업실무자
S씨는 늘 하던 대로 고객과의 공감대와 친밀감을 쌓기 위해 가벼운
주제로 대화를 시작하는데…

영업 : 안녕하세요! 저희 프로그램에 관심을 가져 주셔서 감사합니다.

　　　최근 00브랜드에 대한 소비자들의 반응이 좋다고 들었는데...

고객 : 예! 그럼 제가 요청한 자료를 주세요.

영업 : 예, 여기 있습니다. 이 리더십 개발과정은…

고객 : 설명은 나중에 하세요. 일단 제가 먼저 검토를 한 후에…

영업 : …

잠시 후

고객 : 몇 가지 궁금한 것이 있는데… 알겠습니다. 검토 후에 연락
　　　드리지요. 그만 됐습니다. 가보십시오.

영업실무자 S씨는 자신이 준비한 자료를 보여 주지도 못하고 또 충
분한 설명을 하지 못한 것이 못내 아쉬웠다. 더 이야기를 할 시간도
없이 고객이 일방적으로 상담을 끝내는 바람에 그냥 일어나 나올
수밖에 없었다.

　　영업실무자가 위 사례와 같은 상황에 대응하는 방법은 사전에 영업상
황에 대한 충분한 준비가 되어 있어야 한다. 이 준비의 내용을 필자는 영
업 시나리오라 한다. 잘 준비된 영업 시나리오는 고객과의 상담을 이끌

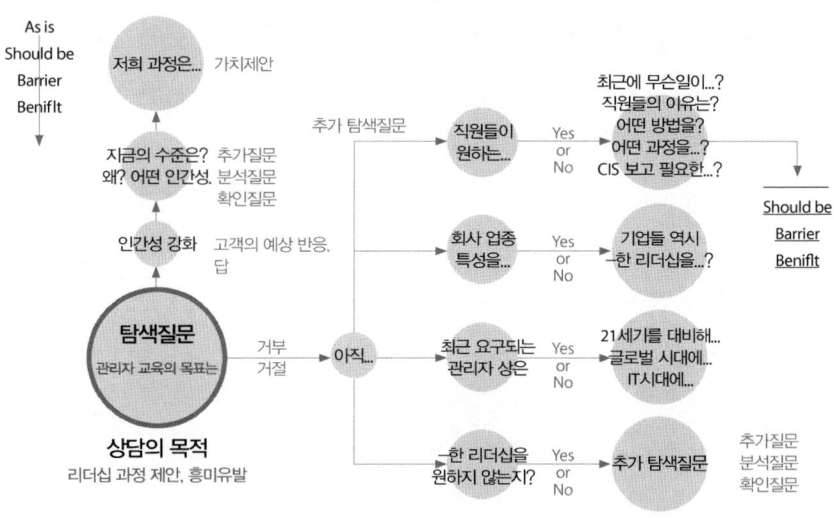

상담 시나리오 사례

수 있고, 예기치 않은 상황에 지혜롭게 대처할 수 있다. 다음의 방법으로 영업 시나리오를 개발해 활용하면 영업실무자들의 상황대응 능력이 향상될 것이다.

① 고객의 예상하지 못한 반응을 정리하고 각 반응에 대한 대응 화법을 개발하라. 위의 그림은 그 사례로 고객과 상담을 할 때 준비되어야 하는 시나리오이다. 이와 같은 시나리오 작성은 영업실무자의 상황대응 능력을 강화시켜 줄 것이다.

② 영업 시나리오 작성을 위해서는 자신 혹은 자사의 영업 프로세스가 있어야 한다. 영업 프로세스는 고객발굴부터 계약 그리고 고객이탈까지의 모든 활동을 순서대로 정리한 것이다. 그 다음에는 각 프로세스의 핵심활동이 정해져야 하고, 각 핵심활동을 수행하는 내용과 각 활동의 수행에 대한 고객의 반응을 예측해 대응할 수 있는 화법과 활동을 정리한 것이 영업 시나리오다.

③ 잘 짜인 영업 시나리오는 자기 촉매 역할을 통해서 영업실무자들의 상황대응 능력을 강화 시켜준다.

실수 사례에서 배운 Action Idea

2. 영업 실수 사례에서 배우는 영업 스킬

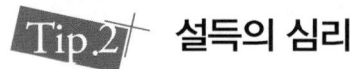 설득의 심리

사람들은 다양한 이유로 설득당한다. 설득은 심리적인 선택과 결정의 결과물이다. 이러한 심리적인 요인들을 알면 영업실무자는 고객과의 상담에서 좋은 성과를 달성할 기회가 많아진다. 다음의 설득심리를 잘 이해하고 고객과의 상담에 활용하기 바란다.

1) 일관성의 심리
영업실무자의 말이 그때그때 다르다. 지난번 상담 때의 이야기와 오늘의 이야기가 앞뒤가 맞지 않는다. 약속하고는 잊어버리거나 상황이 바뀌었다고 하면서 자신이 한 약속을 지키지 않는다. 그러면서도 고객에게는 빨리 구매결정을 하라고 고객을 압박한다. 상품의 가치(고객이 얻는 이익)에 대한 영업실무자의 말과 나중에 확인된 상품의 가치가 다르다. 따라서 고객의 문제를 해결하지 못하거나 고객이 기대한 수준과 다르다. 이러한 영업실무자를 어떤 고객이 믿고 거래를 하겠는가? 자신의 메시지를 일관되게 밀고 나가는 것이 상대를 설득하는 데 더 효과적이다. 고객 또한 이러한 영업실무자의 제안을 긍정적으로 받아들인다. 그리고 고객은 자신이 내린 영업실무자와 영업실무자가 제안한 것에 대한 평가내용(좋고 나쁨)을 계속 유지하고자 한다. 따라서 영업활동 중의 모든 제안에 대해 고객으로 하여금 항상 긍정적인 답을 하고 시각을 갖도록 하는 것이 중요하다.

2) 전문성의 심리
의사가 흰 가운을 입는 이유는? 변호사가 깔끔한 정장을 입는 이유는?

자신들이 전문가라는 인상을 주어 자신들의 말과 능력을 타인들이 믿도록 하는 것이다. 또한 다양한 주변 지식을 통해 자신의 핵심 능력의 가치를 강화한다. 영업실무자 또한 자신의 비즈니스와 고객의 비즈니스에 대한 전문가적인 식견과 지식, 정보를 갖고 있어야 한다. 고객은 전문적인 능력과 지식(고객의 상황과 구매 필요성과 이익, 라이프 스타일 등에 대해)을 갖춘 영업실무자의 말을 더 신뢰한다. 영업실무자가 만나는 고객은 대부분 구매담당자이지만 실제 사용자들을 만나기도 한다. 실제 사용자들은 자신이 상담하는 영업실무자가 자신보다 더 제품에 대해 전문가라고 믿는다. 그래서 영업실무자의 말을 그대로 따라 한다. 고객이 영업실무자의 말을 그대로 수행해도 제품의 작동이 잘 안 될 때는 영업실무자의 능력에 대해 실망한다. 따라서 고객이 이러한 도움을 요청할 때는 적극적으로 해결해 주어야 한다. 이러한 상황에서 영업실무자가 "저는 제가 아는 것을 이야기했을 뿐입니다. 제 말을 따라 하는 것은 고객님의 선택이고 책임입니다."라고 해서는 절대로 안 된다.

3) 우호성의 심리

우호적인 태도(좋은 인상, 좋은 태도, 좋은 이미지, 전문가다운 복장, 미소 짓는 얼굴, 칭찬의 메시지, 긍정적인 대응 등)는 모든 사람들의 마음을 열어 준다. 자신에게 호감을 보여 주는 누군가를 싫어하거나 거부하는 사람은 거의 없다. 영업실무자는 항상 고객의 마음을 얻을 수 있는 인간적인 매력을 갖추어야 한다. 이미지를 관리하고 스스로 매력적인 사람이 되어야 한다. 고객이 처음 영업실무자를 만났을 때 부담감을 주어서는 안 된다. 특히 말을 많이 하는 것보다 고객의 말을 잘 듣는 경청의 전문가가 되어라. 고객의 마음을 얻을 수 있는 가장 확실하고 빠른 방법이다. 고객의 우호성 심리에 가장 좋은 영향을 미치는 것은 공감대 형성이다.

4) 합리화의 심리

고객은 영업실무자의 제안에 대한 확신(구매의 가치와 그 결과로써 얻는 이익)을 원한다. 영업실무자의 말에 설득당했다는 느낌보다는 스스로 선택하였다는 느낌을 갖기를 원한다. 사람은 스스로 선택한 것에 대해서는 합리화시키려는 욕구가 있다. 이 심리가 영업실무자가 일방적으로 밀어붙이기 영업을 하는 것에 대한 고객의 저항 원인이기도 하다. 고객이 믿을 만한 사례, 증거, 전문적인 데이터 등을 토대로 신뢰를 갖도록 하라. 고객의 선택에 대한 합리화를 도와주기 위해서는 영업실무자가 고객의 니즈 해결을 도와주고 구매의 이익을 강화시켜 주려는 것이라는 것을 고객이 믿도록 해야 한다. 영업실무자의 제안에 고객은 '왜?', '그래서?', '어떻게?' 등등의 의문을 갖는다. 이러한 고객의 의문을 사전에 해결해 주는 합리적이고 논리적인 커뮤니케이션 특히 제안을 해야 한다.

5) 기회획득 심리

영업실무자가 제안하는 상품의 가치를 통해 고객이 얻는 이익과 문제해결의 기회를 강조해 고객으로 하여금 스스로 자신의 성장과 발전, 문제해결을 통한 삶의 목표를 달성하는 기회를 잡도록 하는 심리를 활용하는 것이다. "지금 결정하면 구매비용을 몇 퍼센트 만큼 더 저렴하게 할 수 있다. 한 달 연기한다면 가격이 올라가 비싸게 구매해야 한다." 등의 메시지로 고객에게 좋은 기회를 잡도록 한다. 이번 기회를 놓치면 문제의 지속과 불편함이 지속된다는 것을 강조하는 것도 좋다.

"기회가 많지 않다, 이번 기회가 최선이다." 희소성을 강조해 고객이 스스로 목마르게 해 기회를 놓치지 않도록 하는 방법이다.

6) 사회적, 인간관계 심리

"누가, 어느 기업이 이 상품·서비스를 사용한다. 그들은 ~한 문제해결을 하고 ~~한 이익을 얻었다." 등등의 고객에게 영향력이 있는 준거인물이나 사회적인 유행 혹은 트렌드와 사례, 증거들이 설득의 메시지가 된다. 특히 대기업, 유명인 또는 고객의 주변 사람들이 사용한다는 것과 그 결과로서 그들이 얻은 이익과 혜택을 강조한다. 가능하다면 그들의 추천장을 활용하는 것도 좋다. 기업들이 유명인을 광고 모델로 선정하는 이유도 여기에 있다. 대부분의 사람들은 사회직인 드렌드와 흐름에서 빗어나기를 원하지 않는다. 특히 자신과 유사하다고 생각하는 사람의 행동을 따라 하는 경향이 이것을 말해 준다. "친구 따라 강남 간다"는 속담을 생각해 보라. 영업실무자들이 자신들의 고객이 대기업이고 유망기업들이 자사의 고객임을 강조하는 이유도 여기에 있다. 기존 고객의 성과들을 정리한 근거자료와 사례를 많이 준비하고 늘 고객에게 제시하도록 하라.

7) 선택의 심리

너무 많은 선택 항목은 결정을 지연시키거나 결정을 번복하게 하거나 결정을 후회하게 한다. 반대로 선택의 여지가 없는 경우에는 강요당한다는 느낌을 갖는다. 사람들은 결정하기보다 선택하기를 좋아한다. 고객에게 너무 많은 선택안을 던지지 마라. 연구에 의하면 2~3가지의 제안이 가장 적절하다고 한다. 2~3개의 선택안을 제안하고 그 중에서 선택하도록 하면 훨씬 빨리 결정한다. 고객이 영업실무자가 제안한 선택안 중에서 결정하지 못하면 자신이 생각하는 대안을 역으로 제안한다. 영업실무자는 그 제안을 받아들일 것인지만 결정하면 된다.

8) GIVE & TAKE

모든 관계의 기본이다. 비즈니스 관계든 사회생활에서의 인간관계든 조직생활에서든 사람들은 상호 교환의 욕구가 있다. 무엇인가를 받았으면 무엇인가를 주려는 심리가 작용한다. 물론 반대의 경우도 마찬가지이다. '내가 준다'의 미래형은 '내가 받는다'라고도 한다. 영업실무자는 되로 주고 말로 받을 수 있어야 한다. 때로는 작은 것을 양보하면서 큰 것을 얻을 수도 있다. 특히 이 심리는 협상(흥정)의 가장 기본이 되는 원칙이자 협상(흥정)의 전략이다. 주는 것의 가치가 높을수록 얻는 것의 수준도 올라간다. 양보할 때는 조금씩 자주 양보하면서 그 가치를 항상 크게 말하라. 얻을 때는 한 번에 많은 것을 얻도록 하라.

9) 청개구리 심리

사람들은 하지 말라고 하면 그 행동을 더 하고 싶어 한다. 고객에게 "상품과 서비스가 어울리지 않거나 조화되지 않는다. 아무나 살 수 있는 것이 아니다."라고 하면 오히려 더 갖고 싶어 한다는 심리이다. 이 심리는 부작용이 우려된다. 상대가 영업실무자의 말을 그대로 믿으면 거래의 기회가 사라질 수도 있음을 알아야 한다. 고객의 니즈를 확실하게 확인한 후 활용하라. 고가의 브랜드나 제품을 판매하는 영업실무자들이 종종 사용하는 방법이다. 고객의 자존심 혹은 체면을 자극하는 것으로 사용에 주의를 요한다.

10) 연상의 심리/다홍치마 효과

'마누라가 예쁘면 처가 쪽을 보고 절을 한다'는 속담을 생각하라. '고객님의 ~한 문제해결을 위한 최선의 제품이다. 안성맞춤이다. 이렇게 잘 어울리는 경우는 본 적이 없다.' 등의 메시지가 가진 설득력이다. 영업실무자는 고객에게 제안하는 상품과 서비스를 통해 고객이 얻는 이익을 이미지로 그리도록 표현하고 상상하도록 하면 고객에 대한 설득력이 올라간다. 구매이익에 대한 연상을 고객이 명확하게 그리고 오래 가질수록 설득의 기회는 많아진다. 자동차를 구매하려는 고객 앞에 자동차 열쇠를 고객이 보이는 곳에 두고 상담하는 것이 효과가 있는 이유도 여기에 있다.

11) 기대치 심리

사람들은 상대방이 어떻게 행동할 것인가에 대하여 일정한 기대치를 형성하고 있다. 이러한 기대치가 상대방의 행동에 의해 확인되면 기존 기대치는 더욱 강화된다. 영업실무자는 고객이 기대하는 것 이상을 제공해 줄 수 있어야 한다. 그것이 고객에게 부족한 상품에 대한 지식이나 상품의 가치를 더 강화하는 서비스라면 훨씬 매력적일 것이다. 고객이 알지 못하고 있던 사용법과 활용가치를 알려 줘라. 이것을 실행하는 데 많은 시간이 소요되지는 않는다. 작은 팁(상품을 관리하는 요령, 옷을 입는 요령과 색상의 조화 등)을 준비해 전달하는 것도 좋은 방법이다. 이미 구매를 한 것으로 기정사실화 하고 기타 부가적인 조건(카드결제 혹은 현금결제, 설치일정 등)을 확인하는 것도 이 심리를 활용하는 것이다.

기타 고객을 설득하기 위해서는 미리 주기 법칙, 양보의 법칙, 미끼의 법칙, 문전 걸치기 기법, 시견 법칙, 체험기회 제공법칙, 손실은 합치고 이익은 나누기 법칙, 위험 회피의 법칙 등이 있다. 유능한 영업실무자가 되기 위해서는 고객을 이해하고 그들을 설득하는 능력이 무엇보다 중요하다. 카탈로그 설명, 시연, 협상(흥정) 등등의 영업도구 수행(영업활동)의 성과를 결정 짓는 것은 고객을 설득하는 정도에 달려 있기 때문이다. 마지막으로 덧붙이고 싶은 중요한 핵심은 '오늘이 지구의 종말은 아니다'라는 것이다. 이 말이 의미하는 것은 오늘 고객과의 상담에서 실패하였더라도 고객과 만나는 마지막 날이 아니다. 그리고 오늘 모든 결정을 보려는 조급함을 갖지 말라는 것이다. 영업실무자의 조급함은 대부분 비즈니스 판매조건의 악화(매출 이익률의 저하)와 책임질 수 없는 약속을 하는 테크닉 중심의 영업활동(고객의 신뢰를 잃어버리는, 그리고 고객이 영업실무자를 믿지 못하는)으로 이어진다. 상품의 가치를 명확하게 제안하였고 고객이 인정하였음에도 고객이 결정하지 않으면 다시 만나 설득(다른 영업의 도구나 사례 등으로)하면 된다. 이러한 상황에서는 고객에게 고민하도록 하거나(체험하도록 샘플을 제공하는 등의 방법으로) 다시 만날 계기를 마련하는 유연성과 융통성을 갖는 것이 유능한 설득자가 갖고 있는 기술이다.

이렇게 해야 하는 또 다른 이유는 고객의 요구(거래조건의 변화)를 영업실무자가 자사의 이해관계자와 협의해야 하듯이, 고객도 영업실무자가 제안한 상품을 구매하는 데 내부 이해관계자들과 검토할 시간(구매 과정)이 필요할 수도 있다. 그래서 결정을 연기하기도 한다. 고객의 구매결정을 연기하는 반응에 조급함을 갖지 말아야 한다. 오히려 고객이 그러한 검토를 하도록 제안(다른 영업활동 등)하라. 항상 다시 만나 대화할 여지를 남겨 두고 또 그 기회를 확보하는 것이 중요하다. 성급하게 오늘 모든 거래를 마무리 지으려는 시도를 하면 더 목마른 사람이 된다. 목마름의 결과는 잘 알 것이다. 설득은 시간을 두고 천천히 그리고 한 걸음씩 다가가 마음을 움직이는 것이라는 생각을 갖도록 하라.

고객 설득을 위해서는 이제 영업실무자는 자신이 준비한 메시지를 고객에게 전달해야 한다. 고객의 성격이나 스타일을 이해하고 고객의 니즈를 파악하기 위해서는 경청이 필요하였지만, 고객을 설득(의사결정을 하도록 하거

78개 현장사례에서 배우는 Sales Leadership
영업실무자가 묻고 세일즈마스터가 답하다

나 영업실무자의 제안을 수용하도록 하는)하기 위해서는 말하는 능력이 요구된다. 지금부터는 이 말하기 능력에 대해 알아보도록 한다.

영업실무자가 고객을 만나 말할 때는 크게 두 가지 경우가 있다. 하나는 고객을 처음 만났을 때 관계를 형성하고 오픈 마인드를 하며 신뢰를 쌓기 위한 말하기로 날씨나 뉴스 등을 중심으로 대화하는 경우이다. 이때는 고객이 영업실무자와의 상담에 부담감을 갖지 않도록 하는 것과 고객의 성격유형 파악, 그리고 영업실무자에 대한 좋은 이미지를 갖도록 하는 등이 목적이다. 이때 나눌 대화의 소재도 고객 중심으로 짖하라. 이 고객의 마음을 여는 기법에 대해서는 다음 장에서 자세히 알아볼 것이다. 두 번째는 거래와 관련된 대화를 본격적으로 하는 경우이다. 이때의 말하는 목적은 고객을 설득하는 것이다. 따라서 논리적이고 구조적인 방법으로 말할 수 있어야 한다. 영업실무자가 고객을 설득하기 위해 제대로 말을 하는 구조는 다음과 같다. "제안-배경/이유-문제해결-이익-증거-행동요구"이다.

○ ○ ○ ○ ○

3부에서는 영업실무자들이 겪고 부딪치는 영업상황에 대해 효과적으로 대응할 수 있는 여러 가지 영업기술들에 대해 알아본다. 일반적으로 영업에 대한 관점은 '영업에는 정도와 왕도가 없다'고 한다. 그러다 보니 영업은 영업실무자가 영업현장에 얼마나 유연하면서도 융통성 있게 대응하느냐가 영업을 잘하는 기준이라는 관점을 갖고 있다. 물론 틀린 말은 아니다. 하지만 맞는 말도 아니다. 영업은 높은 수준의 커뮤니케이션 스킬, 인간관계구축 스킬, 비즈니스에 대한 폭넓은 이해와 탐색역량, 상황대응 능력, 내부 관련부서의 협조를 끌어내는 능력 등이 요구되는 전문적인 업무이고 영역이다.

물론 위의 모든 역량은 시간과 경력이라는 것이 쌓이면 축적되고 개발될 것이다. 하지만 그 때까지의 경험학습 비용을 무시할 수는 없다. 경험학습 비용을 줄이는 것은 기업에게도 영업실무자에게도 매우 중요한 문제이다. 새로운 지식과 이론을 학습하고 배우는 것은 이러한 경험학습 비용을 최소화하기 위한 가장 효과적인 방법이다. 간접적인 경험이지만 이러한 간접경험을 통한 새로운 기법과 도구개발 및 상황대응 능력은 곧 영업현장에서의 성과로 이어진다.

따라서 3부에서는 영업현장의 다양한 상황에 대한 대응 방법을 알아본다. 아마도 이 책을 읽는 독자들 역시 비슷한 경험을 하였을 수도 있다. 아니면 조만간 이런 경험을 할 수도 있다. 3부의 내용을 통해 영업현장에서 부딪치는 다양한 상황에 대응하는 방법에 대해 이해를 하면서, 통찰력을 발휘해 자신의 상황에 맞는 대응 방법을 얻을 수 있기를 바란다.

3

영업상황과 창의적
대응-이럴 땐 이렇게

○　○　○　○

항구에 정박해 있는 배는 안전하다.
그러나 배는 항구에 묶어 두려고 만든 것이 아니다.

- 존 A.셰드(美 교육자)

1

창의적인 영업을 하라

자동차 부품을 납품하는 S사의 L영업실무자는 최근의 소재값 인상, 환율인상 등으로 고객에게 납품가격 인상이나 금형비 지급을 요청하였다. 구매담당자는 근거자료를 요구하며 거래기간(20년)의 납품증명서, 임율 비교 자료 등을 요청했다. 사실 이런 자료는 준비하기가 어렵다.

이런상황에서, 나라면....?

영업실무자 입장에서는 쉽게 대응할 수 있는 요구가 아니다. 물론 기업에 따라서는 고객과의 거래실적 등 고객이 요구하는 자료가 잘 준비되어 있을 수도 있다. 하지만 거래와 직접적인 관계가 없는 자료에 대한 고객의 요청에 대해서는 신중하게 대응할 필요가 있다. 다음의 방법을 활용해 유연하게 대응할 필요가 있다.

① 고객의 의중을 파악하는데 집중해야 한다. 고객이 영업실무자에게 자료를 요구하는 고객의 진짜 이유를 파악하는 것이 대응방법을 모색하기 전에 반드시 필요하다.

i 자료준비가 미비한 것을 핑계대면서 고객사 내부의 자료여부를 확인할 수 있지 않겠느냐? 하면서 고객의 반응을 살펴본다.

ii 자료가 없을 것이라는 것을 알면서도 요구한 것에 대해 영업실무자가 적절한 대응을 하지 못하는 것을 가격저항의 이유로 활용하고자 하는 의도가 숨겨져 있을 수 있다.

iii 공급사와 영업실무자의 대응능력을 확인하고자 하는 의도가 숨겨져 있을 수 있다.

iv 시간지연 작전으로 공급사의 요구를 공급사가 스스로 철회하게 하려는 의도일 수 있다.

v 진짜로 내부 구매업무 수행을 위해 근거자료가 필요할 수도 있을 것이다. 이때는 최대한 신속하게 고객의 요구에 대응을 해야 한다.

② 고객이 요구한 자료가 사내에 있고, 고객이 의사결정을 위해 필요하다면 근거자료를 내부 관련부서와 협력해 준비해야 한다.

③ 다른 양보 혹은 교환, 덤으로 영업실무자가 제안의 수준을 낮추거나 제안내용을 바꾸게 하려는 의도일 수 있다. 그렇다면 영업실무

자는 요구한 금형비 등에 대해 다른 거래조건을 제안하면서 상호
간 이익이 되는 협상을 전개할 수 있을 것이다.

④ 팀 영업을 활용하여 상사를 활용해 고객의 요구가 고객사의 의사
결정에 반드시 필요한 것인지 여부를 파악하거나, 서류의 요구수
준과 내용을 바꿀 수 있는 기회를 엿볼 필요가 있다.

⑤ 고객의 요청자료에 대한 공개 가능성을 내부에서 합의 후 공개하
는 것이 좋다. 고객이 요구하는 자료를 모두 제공한다면 이를 근거
로 고객의 반대제안이 나올 가능성과 내용에 대한 대비를 충분히
해야 한다. 내부적으로 공개가 민감한 자료의 경우에는 정책적인
결정을 내릴 필요가 있다.

⑥ 매몰비용 절감을 위한 노력의 일환으로 자료 준비 전, 자료 제출
후 고객의 승인 가능성을 파악하는 것도 하나의 방법이다. 고객의
계약이 전제되지 않는 자료공개는 많은 위험을 내포하고 있다.

영업 활동에 활용할 Action Idea

3. 영업상황과 창의적인 대응 – 이럴 땐 이렇게

세일즈 리더십: 세일즈(판매)방식을 재 디자인하라

고객과 소비자를 위한 가치 창출은 곧 기업의 성패를 결정한다. 기업은 고객(소비자)을 위한 가치창출을 하는 만큼 중요한 활동이 창출된 가치를 고객에게 알리고, 고객의 구매를 자극할 수 있어야 한다. 이러한 기업의 활동을 비즈니스 모델 즉 세일즈(판매) 모델이라고 할 수 있다.

모든 고객이 우리의 고객이 될 수는 없다. 따라서 우리가 집중할 고객을 신중하게 선택해야 한다. 다음의 질문에 대한 답을 찾아야 한다. 누가 우리의 가장 중요한 고객인가? 우리는 누구를 위해 가치를 창출하는가? 우리의 전형적인 고객과 특수한 고객은? 새롭게 확보하면 좋은 고객은? 모든 고객을 대상으로 동일한 세일즈(판매방식)를 펼치지 마라. 차별화가 가능한 고객 군으로 구분해 가치를 제안하고 핵심활동을 강화해야 한다.

고객이 원하는 가치를 개발해야 한다. 동일한 제품과 서비스도 제안하는 가치는 달라질 수 있다. 우리가 제안하는 가치로 고객은 어떤 이익을 누리고 문제를 해결하는가? 각 고객별로 차별화된 가치를 제공하는가? 고객이 기꺼이 지갑을 열 정도의 가치를 제안하는가? 고객에게 제안하는 가치의 폭이 어느 정도로 넓은가? 현재 고객에게 제공하는 가치가 미래에도 고객을 유혹할 수 있는가? 경쟁사 고객을 유혹할 만큼의 차별화된 가치가 있는가?

고객에게 개발한 가치를 제안하는 핵심활동에 차별화를 시도하라. 고객에게 우리의 가치를 제안하기 위한 최적의 활동을 알고 있는가? 현재보다 고객과 쉽게 접촉할 수 있는 방법은 무엇인가? 고객이 쉽고 안전하게 구매를 하도록 하는 활동에는 어떤 것이 있는가? 고객 분석을 통해 고객의 구매패턴을 파악한 편의점인 '세븐 일레븐'은 매 시간 마다 상품

78개 현장사례에서 배우는 Sales Leadership
영업실무자가 묻고 세일즈마스터가 답하다

진열을 바꾸는 핵심활동으로 차별화된 가치를 제공한다.

핵심자원을 파악하고 적극 활용해야 한다. 고객에게 우리의 가치 제안을 위해 활용할 수 있는 자원에는 어떤 것들이 있는가? 현재의 고객 및 새로운 고객확보를 위해 활용 가능한 기술과 도구, 자원에는 어떤 것들이 있고, 어떻게 우리와 고객에게 최적화 할 수 있는가? 최근의 소비자(고객)의 구매 트렌드에 맞는 자원을 활용하고 있는가?

고객과의 관계구축은 새로운 차별화의 포인트가 된다. 우리는 고객과 어떤 방식으로 관계를 맺는가? 고객관계 구축을 위해 어떤 방식을 활용하고 있는가? 고객관계 방식을 고객의 구매패턴과 가치에 따라 차별을 두고 있는가? 활용 가능한 고객관계 방식으로는 직원들이 직접 고객과 교류하는 방식, 고객 수준과 특성에 따른 전담방식, 고객 스스로 서비스와 제품을 활용하도록 하는 방식, 고객과 함께 가치를 창출하는 방식 등이 있다. 고객과의 접촉과 관계방식을 활용해 고객의 습관화를 창출할 수 있다.

고객에게 가치를 알리고 고객과 접촉하는 방식으로 판매채널의 차별화가 필요하다. 고객의 구매비용을 절감하고 구매의 편리함을 제공하는 것으로 차별화의 새로운 기회를 만들 수 있다. 판매채널을 경험채널 혹은 제품과 서비스를 소유하지 않고 공유, 사용할 수 있는 공간을 마련하는 것도 하나의 방법이다. 필요하다면 경쟁사와 공동의 판매채널을 만들 수 있어야 한다. 대체재와 공동으로 판매채널을 공유하는 것도 방법이 될 수 있다.

가치 제안과 고객관계 구축 및 핵심활동의 수준을 향상 시킬 수 있는 핵심 파트너(조직 내·외부)와 협력하는 방법을 모색하는 것이다. 내부 활동 중 외부의 파트너를 활용할 수 있는 업무와 활동을 구분해 아웃소싱 하는 기회를 발견하라. 공동 프로모션을 진행할 수도 있고, 타인의 행사를 유용하게 활용하는 앰부시 마케팅을 펼칠 수도 있다. 카쉐어링, 우버택시, 에어 비앤비 등의 비즈니스 모델이 외부자원을 최대로 활용한 사례가 된다.

우리의 가치 제안과 판매(세일즈)활동에서 소요되는 비용 구조에 대한 새로운 디자인이 필요하다. 현재 비용구조는 어떠한가? 비용을 줄이거나 더 효율적으로 사용할 수 있는 방법은 어떤 것이 있는가? 현재의 판매(세일즈)활동이 비용 중심인가? 아니면 가치 중심인가? 가장 수익성이 높은 비용과 낮은 비용에는 어떤 것이 있는가?

마지막이자 가장 중요한 것으로 돈을 버는 방법의 재디자인이 필요하다. 고객은 어떤 가치를 위해 기꺼이 돈을 지불하는가? 고객들은 비용(돈)을 어떻게 지불하고 싶어 하는가? 현재 우리는 어떤 방식으로 돈을 버는가? 현재의 방식이 효과적인가? 현재의 돈 버는 방식을 바꿀 수는 없는가? 매출모델의 재디자인을 통해 고객들의 구매비용 부담을 줄여주면서 기업은 돈을 버는 방법을 모색할 수 있다. 예를 들면 서비스 분할 혹은 결합방식, 소비자 주도형 가격, 가격 차별화, 사용료 받기, 가입비 받기, 대여료 받기, 라이센싱 가격 받기, 중계수수료, 광고를 활용한 수익창출, 대행납부 등의 방법을 모색할 수 있다.

위의 9가지 요소를 활용해 아이디어를 하나 제안한다. 화장품을 판매하지 않고 화장을 할 수 있는 공간을 제공하는 것이다. 오피스가 많은 부근에 화장센터를 마련해 집에서 화장을 하지 않고 비용을 지불하고 다양한 화장을 할 수 있는 공간은 물론, 전문 뷰티 컨설턴트의 도움을 받을 수 있는 기회도 제공하면서 회원제로 운영할 수도 있고, 사용료를 받을 수도 있을 것이다. 외부자원이 다양한 화장품을 구비해 놓고 고객 스스

로 화장을 하거나 뷰티 컨설턴트의 조언(가치 제안)을 활용할 수도 있을 것
이다. 고객들은 집에서 화장을 하는 시간을 절약할 수 있는 편리함을 누
릴 수 있지 않을까?

2

고객과의 접점을 확대하라

산업용 가스압축기와 차량 충전용 천연가스 압축시스템을 비즈니스 하는 A사는 대리점을 통해 국내에 진출한 독일계 기업인 F사와 거래를 하고 있다. 어느 날 국내에 진출한 F기업의 독일 본사 엔지니어가 A사를 방문 한 후, F사가 미국에 있는 공장설비에 A사의 제품을 사용하고자 한다면서 제안서 요청을 하였다. A사 영업팀이 제출한 제안서를 검토한 F사는 미국에서 A사 제품에 대한 기술미팅에 참석해 달라는 제안을 하였다. A사가 엔지니어와 영업실무자를 미국으로 파견해 기술미팅에 참석하였을 때 다른 경쟁사 2곳도 함께 참석을 하였다. 기술 미팅 후 3개 경쟁사 중 기술력이 부족한 한 기업은 탈락을 하고 최종적으로 A사와 더불어 A보다 브랜드가 알려져 있고, 역사도 오래되었으며 가격이 A사보다 비싼 기업 한 곳만 남았다. F사는 3개월 후에 최종 미팅을 준비해 달라는 제안을 하면서 미국에서의 미팅이 마무리 되었다.

　일단 영업의 출발이 어디에서 시작 되었는지를 파악해 고객과 긴밀한 협력을 하는 방향으로 영업전략과 전술을 전개해야 한다. 이와 유사한 영업상황에서 영업실무자는 다음의 내용을 고려한 고객 공략을 위한 전략과 전술을 수립해야 한다.

　① 우선 고객과 돈독한 인간관계 구축이 매우 중요하다. 영업실무자는 고객의 다양한 이해관계자와 관계구축을 하는 데 소홀해서는 안 된다. 이유로는 영업시작의 접점이 다양하기 때문이다. 대표적으로 활용할 수 있는 것이 고객의 구매가치사슬분석이다.

　② 고객의 구매기준을 파악해 사후 대응(제안서)을 해야 한다. 제안의 수준은 곧 자사의 역량 뿐 아니라 고객의 비즈니스를 얼마나 잘 이해하고, 고객에게 제공하는 솔루션의 가치를 결정한다. 효과적인 제안서에는 다음의 내용이 포함되어야 한다.

　A. 고객사의 현재 상황과 구매를 해야 하는 배경 및 목적

　B. 사용부서의 업무목표와 해결하고자 하는 문제

C. 고객의 구체적인 니즈에 맞는 자사의 제품/서비스 가치 연결

D. 고객이 구매 후 얻을 수 있는 이익에 대한 합리적이고 근거 있는 자료 및 숫자로 표시된 데이터

E. 이번 프로젝트 수행에 대한 자격 – 자사의 역량(자사 역량의 객관화가 필수)

③ 차별화 포인트를 개발하고 고객에게 알리는 노력이 지속되어야 한다. 3개월 후 재 미팅까지 고객과 다양한 접촉을 통해 고객의 역할에 맞는 자사의 역량을 지속적으로 알려야 한다.

④ 의사결정 시스템의 차이를 파악할 필요가 있다. 독일 본사와 미국의 공장운영에 따라서 구매의사결정 시스템에 차이가 날 수가 있기 때문이다. 물론 독일과 미국의 문화적인 차이가 구매 시스템의 차이를 야기할 수 있기 때문이다.

⑤ 기술적인 우위를 보여줄 수 있는 기회를 마련해 자사의 경쟁력을 끊임없이 강조한다. 이와 관련된 자료를 준비해 예비 제안서를 만들어 사전에 고객과 공유하는 것도 좋을 것이다.

⑥ 국내 소재하는 기업을 활용해 고객의 의사결정기준, 의사결정 관계자들의 개인적인 정보를 파악 및 분석할 필요도 있다. 국내 진출한 기업과 관계가 돈독하게 구축되어 있지 않다면, 관계 구축에 더 많은 신경을 써야 할 것이다.

⑦ F사의 비즈니스 환경 분석으로 니즈 추론 및 파악으로 제안서의 수준을 올리고, 고객과 비즈니스 관련 공감을 끌어내는 제안을 해야 한다.

⑧ 실제적인 성과를 입증하는 것으로 자사를 포지셔닝 해야 한다. 브랜드 약점을 극복하는 방법을 모색할 필요가 있다. 이를 위해서는 고객의 구매속성(품질-가격-관계 등)을 분석할 필요가 있다.

⑨ 고객의 구매가치 사슬 분석으로 제안의 가치를 극대화 할 필요가 있다. 일반적으로 B2B고객의 구매가치 사슬은 '필요발견 – 구매 – 보관 – 설치 – 사용 – 처분'이다. 각 사슬에 관여하는 실무부서에 차이가 나는 것은 주지의 사실이다. 영업실무자가 제안하는 제안서에는 고객의 구매가치사슬이 원활하게 작동하도록 하는 내용이 포함되어야 한다.

영업 활동에 활용할 Action Idea

3

고객의 문제해결을 지원해
고객의 구매량을 늘려라

고객은 소량구매를 원하고 기업은 대량판매를 원한다. 이유로는 고객은 소량판매에 의한 보관/저장비용과 물류비용을 줄이고자 하고, 기업은 한 번에 더 많이 팔기를 원한다. 이러한 목표의 차이가 영업실무자들을 힘들게 하는 이유가 된다.

이런상황에서, 나라면....?

78개 현장사례에서 배우는 Sales Leadership
영업실무자가 묻고 세일즈마스터가 답하다

이러한 상황에 효과적으로 대처하려면 다음을 활용하기 바란다.

① 고객이 소량으로 구매를 하는 이유를 파악하고, 이를 해결하기 위한 솔루션을 제안할 필요가 있다. 과거 화학제품을 생산해 비즈니스를 하던 기업이 고객들의 저장문제(그 당시 화학제품을 안전하게 담을 수 있는 용기가 비닐 포대 밖에 없었음)를 발견하고 대량으로 안전하게 보관 이동할 수 있는 드럼통을 개발 함으로써 대량구매를 이끌어낸 사례가 있다.

② 대량 구매의 이점을 강조한다. 가격할인과 추가 서비스 제공, 비즈니스 기회를 놓치지 않는 것 등을 강조할 수 있을 것이다.

③ 고객이 더 많이 제품을 사용하도록 하는 아이디어 제공을 한다. 사용법과 사용기회 확장으로 구매량을 늘리도록 할 수도 있다.

④ 대량 구매 고객 발굴하기는 영업실무자의 과제이자 기업의 목표가 될 것이다. 시장과 고객을 바라보는 패러다임의 확장으로 새로운 시장진출과 신규고객 발굴에 노력을 기울여야 한다.

⑤ 소유비용과 사용관련 비용을 파악해 고객의 위험을 제거해주고 충성도를 높이는 방법으로 거래를 지속하도록 동기를 부여한다.

영업 활동에 활용할 Action Idea

4

자신의 노력과 시간에 보험을 들어라

건설사로써 지역의 부동산 프로젝트 파이넌싱 사를 만나 지역개발
의 이점과 혜택 등을 알려주고, 프로젝트 파이넌싱을 위한 업무지원
과 업무흐름을 알려 주어 어느 정도 업무를 진행하는 능력을 키워
주었더니, 다른 경쟁사를 선택하거나, 이탈 가능성이 올라간다. 즉
고객을 가르쳤지만 학습을 한 고객이 이탈을 한다. 대응책은?

이런상황에서, 나라면.....?

고객을 성장시키는데 신중해야 하는 이유가 된다. 아니면 사례와 같은 이유 때문에 영업실무자들이 고객의 비즈니스와 업무지원을 적극적으로 하지 않는 경우가 발생한다. 필자의 생각으로는 고객의 능력을 키워줄 수 있는 기회가 있다면 적극적으로 활용하는 것이 좋다. 고객에게 고기 먹는 법을 가르쳐 고기를 사도록 하는 것도 비즈니스, 영업의 전략이고 전술이다. 하지만 위와 같은 상황이 일어난다면 실망스러울 것이기 때문에 다음의 방법으로 보험을 들 필요가 있다.

① 보험들기의 방법으로 가르치기 전에 조건부 계약 또는 약속을 받는 것이다. 고객이 이를 부담스럽게 받아들이지 않도록 충분한 가치를 설명할 필요가 있다.

② 좀 더 지혜로운 방법으로 고객이 구매결정을 할 때 거래조건을 포함해 제품, 서비스의 선택 기준 등 모든 조건을 자사의 역량을 기준으로 해 파트너 선정시 우선순위를 확보하는 것이다. 때로는 고객이 가장 기대하는 내용이기도 하다.

③ 공동개발로 고객에게 일정한 시간이나 비용을 부담시켜 고객의 매몰비용과 기회비용을 올려 고객이 이탈을 생각하지 못하도록 한다.

④ 고객으로부터 계약에 대한 확약을 받기 어렵거나 곤란하다면 핵심적인 부분은 넛지를 걸거나 알려주는데 신중을 기할 필요가 있다. 중요한 내용에 대해서는 계약에 대한 보장을 전제로 정보공유를 하는 것이 좋은 방법이다.

⑤ 사례와 같은 상황에서 자사가 비즈니스의 주체가 되어 실제적인 비즈니스를 하면서 고객에게 학습의 기회를 주는 것도 방법이 될 수 있다.

⑥ 여유가 있다면(영업목표 달성, 가망고객 발굴 등) 고객을 가르치는데 일정 부

분의 시간과 에너지를 쏟는 것도 미래 영업을 위해서는 유익한 방법이 될 수 있다. 지금은 고객이 이탈하더라도 지속적으로 관계를 유지하면 새로운 기회가 올 수도 있을 것이다.

⑦ 고객을 가르칠 때 우리의 기술, 솔루션에만 습관화시키는 방법을 모색하라

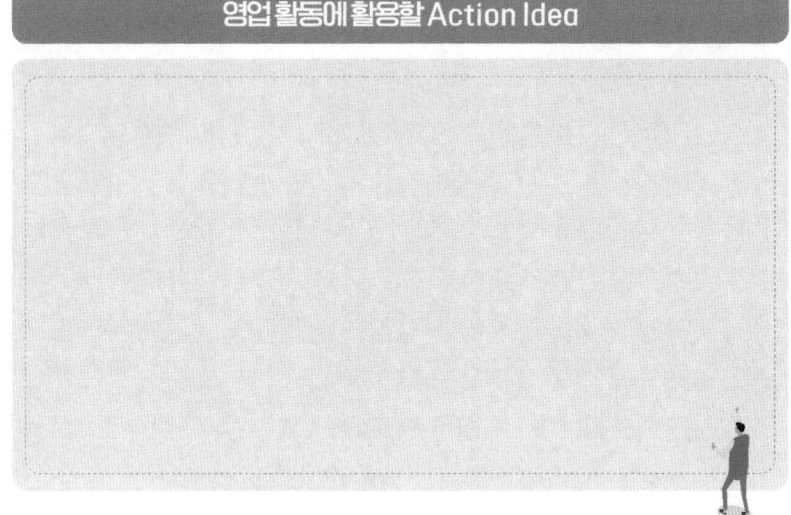

영업 활동에 활용할 Action Idea

5

고객의 가치수준을 파악하라

저는 일본에서 근무하다 저희 회사에 2년 전에 입사하여 신규 아이템 발굴을 맡아 왔습니다. 그러나 해외 제품(장비 및 부품, 재료)인 관계로 샘플 테스트가 원활히 진행되지 않았고 갑자기 고객의 프로젝트가 중단되는 등 결국 매출을 내지 못하였습니다.

올해에 저희 해외 파트너가 소개한 장비를 저희 고객 쪽에서 검토하겠다고 해서 4회의 샘플 테스트를 하고, 출장 계획을 세웠다가 고객이 갑자기 취소를 하는 바람에 저만 다녀오게 되었습니다. 그 과정에서 고객의 담당자가 2번 이상 바뀌고, 담당 팀장이 저를 만나려 하지 않아 이상하게 생각하던 도중, 지난 달에 중간급 관리자(과장)를 만나 이야기해 보니, 저희 가격이 다른 장비업체 가격보다 비싸고 그다지 메리트도 없어서 반값에 주면 고려해 보겠다는 이야기를 들었습니다. 이 장비에는 매달 1천kg의 용액이 소비되는데, 저희가 용액도 함께 공급하려고 했기 때문에 1년 가까이 이 비즈니스에 매

달려 온 것인데, 장비도, 용액도 모두 현재 가격의 반 정도로 달라고 하였습니다. 사실 이 비즈니스가 파급력이 있고, 또 전체 코스트를 줄이는 신 공정이라 모든 고객이 Merit을 느끼지만 아직 양산에 대한 신뢰성이 확보되지 않아 누구도 선뜻 먼저 시도하지 못하는 형편입니다. 또, 저희 고객이 터치패널을 제작하는 글로벌 국내기업인 S사의 1차 벤더인데, 사실 한국의 터치패널 벤더 업체들은 S사의 쥐어짜기 정책 때문에 실제로 돈이 많이 없고, 신규 투자를 했다가 손해를 혼자 감당하고 무너지는 경우가 많기도 합니다.

이런상황에서, 나라면....?

효과적인 대응방법과 향후 영업활동을 지속하기 위한 아이디어를 정리하면 다음과 같다.

① 고객의 구매 긴급성을 파악해야 한다. 가격을 50% 깎아 달라는 제안은 협상을 길게 하려는 의도일수도 있다. 당장은 필요 없다. 등등이 내포 되어 있다고 판단할 수 있어야 한다. 물론 고객의 구매 의도를 파악하는 것이 중요하다. 다음의 정보들을 파악해야 한다.

ⅰ 구매 필요성

ⅱ 구매시기

ⅲ 구매 프로세스

ⅳ 고객사의 재고량

ⅴ 사용부서의 요구조건과 업무상황

ⅵ 가격을 50% 깎으면서 양보할 수 있는 조건 파악 등

② 고객이 얻는 이익을 숫자화해서 제안함으로써 고객의 구매비용을 투자로 전환하는 세안이 필요하나.

③ 제품의 성능과 성과에 대한 신뢰성 확보를 위한 영업도구와 방법을 개발해 고객이 그 사실을 인식하도록 하는 활동이 요구된다. 자사 내부에 축적된 근거와 자료들을 활용하기 위해 관련부서의 협조를 이끌어내야 한다.

④ 구매 후 성과에 대한 신뢰성 확보를 담보로 계약을 제안해 고객의 반응을 살필 필요가 있다.

⑤ 고객의 Anchoring에 흔들리지 말아야 한다. 고객이 제안한 50%의 가격 할인조건은 고객의 희망수준으로 협상의 여지가 포함되어 있다. 물론 일반적인 수준을 벗어난 요구라 고객의 구매 필요성부터 파악해야 할 것이다.

⑥ 기계장비와 용액을 별도의 조건으로 제안하는 방법을 모색할 필요가 있다. 즉 장비를 저가격에 제공을 하고 용액공급에 대한 확약을 받는 방법으로 장비와 용액을 나눠서 계약할 수도 있다.

⑦ 자사 제품으로 고객사의 비즈니스 확대 가능성을 제안해 고객의 요구수준을 낮추거나 고객의 니즈를 확인한다.

⑧ S사를 공략해 고객사가 구매하도록 하는 방법도 있다. 이 방법은

고객의 고객을 공략하는 것으로 적절한 마케팅과 프로모션을 활용할 수도 있다.

⑨ 고객의 다른 구매관련 비용을 파악해 고객의 정기적인 CR(cost reduction)에 대응준비를 해야 한다. 가격 외 고객의 비용을 다양한 관점에서 발견할 수 있어야 한다.

⑩ 실무부서를 공략해 고객의 구매상황과 업무상황을 파악한다. 실무부서가 얻을 수 있는 이익을 명확하게 전달해 실무부서의 구매욕구를 자극하면서 고객에 대한 정보를 파악한다.

⑪ 가격중심 영업, 조건 영업에서 벗어나 가치중심의 영업으로 영업활동의 핵심을 바꾼다. 구멍을 뚫는데 사용되는 드릴을 구매하는 고객은 드릴을 원하는 것이 아니라 구멍을 뚫기를 원한다. 고객이 협상이 가능한 수준까지 자신들의 제안을 수정하지 않는 한 가치를 강조하면서 버틸 수 있어야 한다.

⑫ 양산과 관련된 문제를 고객과 공동 프로젝트로 진행하는 것을 고려할 수도 있을 것이다.

영업 활동에 활용할 Action Idea

6

—

내부역량을 효율적으로 활용하라
고객의 내부정보 공개에 대비하라
오더형 영업에 신중을 기하라

영업실무자는 고객의 내부관계를 자세히 파악해 제안한 정보의 외부 공개 또는 공유에 대응해야 한다. 아래처럼 영업현장에서 빈번하게 발생하는 상황에서 어떻게 대응하는 것이 최선일까?

- 변화1-대형 프랜차이즈를 운영하는 L사 외식사업부 내부긴축, 원가절감, 매출증대, 사업부 통합-구매는 각 사업부 별로 수행
- 변화2-자사 경쟁사인 M사가 가격을 3,500원에서 4,000원으로 인상 통보를 KKD사에 함
- KKD에서는 다른 시럽 펌프 공급업체를 찾던 중 자사가 엔젤리너스와 거래를 하는 것을 알고 접근, 가격도 낮춰야 한다는 것을 요구
- 자사는 10ml 시럽 펌프가 없음, 생산을 위해서는 추가비용이 발생-자사의 공급업체와 협력을 해도 추가 비용이 발생함

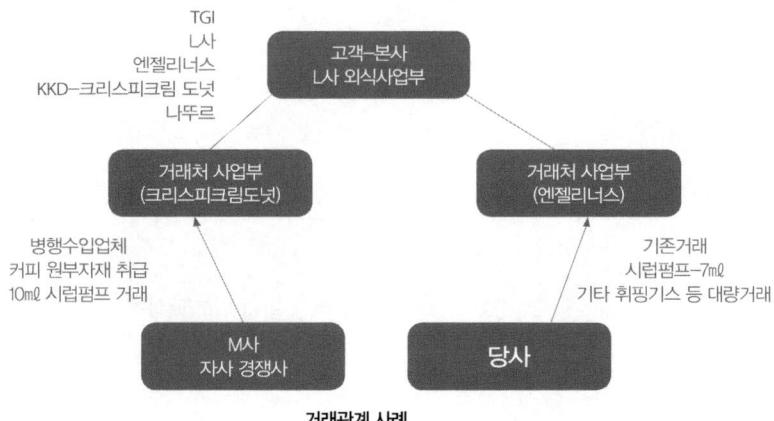

TGI
L사
엔젤리너스
KKD-크리스피크림 도넛
나뚜르

고객-본사
L사 외식사업부

거래처 사업부
(크리스피크림도넛)

거래처 사업부
(엔젤리너스)

병행수입업체
커피 원부자재 취급
10㎖ 시럽펌프 거래

기존거래
시럽펌프-7㎖
기타 휘핑기스 등 대량거래

M사
자사 경쟁사

당사

거래관계 사례

- KKD사 구매담당자와 수차례 상담-가격은 500원 낮추는 것(3,500원)으로 합의를 했으나 결국 자사 내부 상황변화로 생산 혹은 공급을 할 수 없는 상황이 전개되어 결국은 포기한다는 것을 KKD사에 통보를 함
- KKD 사업부 구매담당자는 결국 가격을 500원 인상하고 M사와 4,000원에 재계약을 함
- 자사가 KKD에 가격을 인하해 제안하였다는 것을 엔젤리너스에서 알고 차후에 가격 네고를 원한다는 피드백을 받음

이런상황에서, 나라면....?

만일 위와 같은 상황이 발행한 후에는 적절한 대응을 할 수 있어야 한다. 다음의 몇 가지 방법을 제안한다.

① KKD 사업부에 맞는 제품을 찾거나 개발하기 전 납품가격 합의를 너무 성급하게 하지 말아야 했다. 특히 자사 내부의 다양한 상황을 고려하고 관련부서와 충분한 협의가 필요했다. 프로젝트가 무산되지 않도록 하는 노력이 더 필요했다.

② 프로젝트 영업에서는 자사의 개발역량을 확인하는 것이 우선인데 내부협의를 제대로 하지 않은 것 같다. 내부의 개발능력 때문에 거래가 취소된 것이라면 더더욱 그렇다.

③ 그 비용을 KKD사업부가 부담하도록 하는 제안이 필요했다. 다음의 비용부담을 요구할 수 있어야 한다. 이러한 사실이 있었다면 엔젤리너스의 요구에 적절하게 대응할 수 있을 것이다.

　ⅰ　개발비, 추가 설비비 등

　ⅱ　개발비를 퉁계로 가격을 4,000원으로 유지하는 노력이 필요

④ KKD사업부에서 7ml 시럽 펌프를 사용하도록 유도하는 제안이 필요했다. 영업은 고객의 습관을 바꾸는 시도이다. 지금껏 사용한 제품과 자사 제품과의 가치(비용절감, 사용상 편리함 등)를 비교해 고객이 지금까지 사용한 제품을 다른 것으로 바꾸도록 할 수 있어야 한다. 이를 위해 추가적인 서비스 혹은 샘플 사용 및 매장에 비치해 소비자들의 반응을 살피는 등의 방법을 제안할 수 있어야 한다. 이것의 한 방법으로 7ml 펌프를 사용하도록 하면서 개발에 들어갈 수도 있었을 것이다.

⑤ 관계사들 간의 정보공유 가능성을 두고 가격제안에 신중을 기해야

한다. 일관성 있는 계약조건이 필요하므로 KKD사와 협의를 할 때 가격은 유지하면서 다른 조건(엔젤리너스에는 필요 없는)의 변경 및 제안을 시도할 필요가 있었다.

⑥ 엔젤리너스에 대한 대응

i 가격 협상에서 계약기간을 장기적으로 하는 등의 다양한 거래 조건을 개발해 파이를 키우는 창의성을 발휘해야 한다.

ii KKD사와 엔젤리너스와의 거래 상황의 특수성을 강조할 필요가 있다. 즉 신제품 개발을 위한 계약과 기존 계약에는 차이가 있다는 것을 알려야 한다.

영업 활동에 활용할 Action Idea

78개 현장사례에서 배우는 Sales Leadership
영업실무자가 묻고 세일즈마스터가 답하다

세일즈 리더십: 돈이 되는 영업시스템을 구축하라

> 고객 : 내가 이 회사의 임원으로 있다가 나와서 대리점을 운영하는
> 데… 이 정도의 요구조건도 수용하지 못하는가? 나도 영업을 해 봤
> 는데… 내가 영업할 때는 이 정도 문제는 아무 것도 아니었어… 영
> 업실무자라면 알아서 해결할 수 있어야지…
> 영업 : 지금 요청하시는 조건은 회사가 수용하기 어렵습니다.
> 고객 : 왜 그래? 다 빙법이 있지 않은가? 내가 일힐 때는 다 알아서
> 방법을 제시했는데… 그럼 윗선과 내가 직접 이야기할까?
> 영업 : …

위의 사례는 대리점 영업을 하는 영업실무자들이 많이 경험하는 것이다. 지금은 고객이지만 한 때는 조직의 상사 즉 임원으로 일을 한 고객과 상담을 하는 것은 결코 쉬운 일이 아니다. 이러한 상황을 지혜롭게 극복하지 못하면 조직과 영업실무자의 영업성과는 떨어질 수밖에 없다. 이러한 상황에 대한 근본적인 해결방안은 영업을 시스템적으로 운영될 수 있도록 만들어 놓는 것이다. 그리고 고객 역시 이 시스템을 인지하고 이 시스템 내에서 자신의 비즈니스를 하도록 알려야 한다. 하지만 대부분의 영업조직은 이러한 고객에 대응할 수 있는 시스템이 부재하다. 왜 일까?

우선 원인부터 찾아보자. 고객은 왜 위와 같은 반응을 보이는 것일까? 물론 자신의 사업에서 돈을 벌기 위한 목적이 가장 중요한 원인일 것이다. 그렇다면 자신의 사업영역과 지역에서 더 많은 매출을 올리려는 방법을 찾아야지, 왜 자신이 근무한 적이 있는 본사의 영업실무자를 압박하는 것일까? 그 이유는 자신이 근무할 때 이러한 방법이 통했기 때문이

다. 그래서 지금도 그 방법을 자신이 사용하는 것이다. 그리고 더 큰 문제는 고객이 말하는 윗선이 고객의 요구를 수용해 준다는 것이다. 많은 영업조직이 영업업무를 혁신해야 하는 원인이 되기도 한다.

다음의 원인으로는 영업실무자가 위와 같은 상황에 효과적이고 지혜롭게 대처할 수 있는 능력이 부족하고, 영업실무자를 지원하는 조직 시스템이 갖추어져 있지 않기 때문이다. 아마도 현재 위 사례의 영업실무자가 경험하는 것을 영업조직의 관리자와 조직은 알고 있을 것이다. 영업실무자가 경험이 부족하기 때문에 효과적인 대응을 하지 못한다고? 그렇다면 어떻게 할 것인가? 영업실무자가 경험을 통해 그 해결방법을 알도록 한다고? 그럼 그 동안의 비용과 손실 즉 확보할 수 있는 이익을 확보하지 못하는 것은 누가 책임질 것인가? 그리고 더 큰 문제는 위와 같은 영업현장의 상황을 알면서도 적절한 시스템을 갖추지 않은 조직에 있다.

영업실무자가 조직의 시스템적인 지원으로 시장에서 더 많은 매출과 이익을 확보해야만 조직이 성공적으로 운영될 수 있다. 회사가 원하는 매출과 이익을 영업실무자가 알아서 확보하도록 하는 것은 있을 수 없는 일이다. 과학적인 고객분석과 준비와 조직의 시스템적인 지원이 있어야만 영업실무자가 현장에서 고객과 비즈니스 파트너십을 형성해 돈을 벌어 올 수 있다.

영업은 자사의 제품과 서비스로 고객이 더 많은 이익과 혜택을 누리도록 가치를 전달해 고객 스스로 구매하도록 설득하는 것이다. 즉, 고객이 개인이라면 삶이 더 풍요로워지는 방법을, 고객이 기업이라면 더 많은 돈을 벌거나 비용을 절감하는 솔루션을 제안해 고객이 자사가 원하는 조건으로 계약을 하도록 하는 비즈니스 활동이다. 고객중심이라는 것은 고객이 원하는 것을 자사의 상품과 서비스로 얻고 달성하도록 지원하고 도와주는 것이다. 그러면 고객은 기꺼이 제안된 가격을 지불하고 구매를 할 것이다. 고객이 원하는 것의 대부분은 영업실무자 혼자서 해결할 수 있는 것이 아니다. 조직의 모든 역량이 총 동원되어야 한다.

영업에서 더 많은 성과 즉, 더 많은 매출과 이익을 원한다면 영업실무자들을 지원할 수 있는 시스템을 갖추어야 한다.

7

컴플레인을 제거하기 위해서는
반드시 일어나는 일은 미리 알려라

기계를 고객사에 납품한 후 고객사로부터 품질과 기계의 작동상 문제가 있다는 불만이 접수되어 엔지니어가 가서 확인을 하였으나, 기계에는 이상이 없음이 확인되었다. 하지만 고객은 그 후에도 계속 기계에 문제가 있다는 불평과 함께 자사의 품질관리에 문제가 있다는 등의 컴플레인을 하면서 물고 늘어지고 영업실무자에게 계속 연락을 해왔다. 그래서 영업실무자가 직접 확인을 한 결과 기계가 작동할 때 딸깍거리는 소리가 나는데 고객은 이 소리가 나는 현상이 기계의 작동불량이라고 하면서 계속 불평을 하면서 영업실무자와 자사의 엔지니어를 계속 호출을 하였던 것이다. 고객이 수시로 영업팀과 기술팀, 품질관리 부서로 전화를 해서 불평을 토로하자 영업실무자가 기계가 정상적으로 작동이 된다는 신호로 소리가 나는 것이라고 해도 고객은 그 부분을 인정하려 하지 않으면서 조치를 취해달라고 요구한다.

78개 현장사례에서 배우는 Sales Leadership
영업실무자가 묻고 세일즈마스터가 답하다

　고객의 컴플레인은 영업실무자의 동기부여를 떨어뜨리는 요인 중 하나이자, 내부 관련 부서와의 갈등으로 파급될 가능성을 갖고 있다. 따라서 고객의 컴플레인이 일어나지 않도록 하는 것이 중요하다. 특히 사례와 같은 경우는 사전에 충분히 막을 수 있는데, 이를 소홀하게 함으로써 상황이 나빠진 것이다. 다음의 방법을 활용해 사전에 고객의 컴플레인이 일어나지 않도록 하는 것이 중요하다.

　① 정상적인 일은 미리 알려야 한다. 사전에 이러한 사실을 명확하게 주지시켜야 한다. 고객은 자신이 알지 못했던 사실이 발견되면 영업실무자나 공급사에 적절한 조치를 요구하는 것을 당연하게 생각한다. 따라서 계약 중 혹은 사용 중 반드시 일어나는 일은 고객에게 사전에 알려 컴플레인으로 확산되는 되는 것을 방지해야 한다.

　② 고객의 불평 등의 창구를 일원화해 영업실무자의 시간을 보호할 필요가 있다.

　③ 고객 불평 이면의 욕구를 파악해 적절한 조치를 취해야 한다. 어쩌면 고객이 개인적인 욕구(접대 등)를 갖고 있을 수 있다. 그리고 이러

한 욕구가 충족되지 않으면 괘씸죄에 걸려 추후 계약에 부정적인 영향을 줄 수도 있음을 명심해야 한다.

④ 계약 후 고객관계가 계약을 위한 영업활동 과정에서의 관계보다 더 중요하다. 고객이 원하는 것은 구매 후 자신의 니즈를 충족시키는 것이다. 영업실무자가 원하는 것은 계약이다. 이 둘의 차이를 극복해 고객이 원하는 가치를 누릴 수 있도록 해야 고객은 지속적으로 충성도를 보인다.

영업 활동에 활용할 Action Idea

8

영업의 로드맵을 그려라

영어교육 서비스를 하는 기업의 영업실무자 E는 자신의 영업활동 지역에 소재하는 D전문대학을 목표고객으로 선정하였다. 영업실무자 E가 D전문대학에 제안하고자 하는 상품은 온라인 콘텐츠(학교 내 학점과정의 일부를 위탁/운영하는 사업)와 강의용 맞춤교재 개발이다. 거래 규모는 연간 1억 정도로 예상을 하고 있다. 거래 성사를 위한 상품가치 개발, 조직의 경쟁력 개발, 고객의 니즈 발굴과 활용할 영업도구, 제안할 가치 그리고 영업 로드맵을 그려 보라.

이런상황에서, 나라면....?

영업실무자는 지금 만나는 고객에게 빨리, 비싸게 많이 판매를 하고 싶지만, 고객은 필요한 것을, 필요한 때, 필요한 만큼, 적절한 방법과 싼 가격으로 구매하려 한다. 결국 영업의 성과는 고객이 원할 때 일어나는 것이지, 영업실무자가 원할 때 발생하지 않는다. 따라서 영업실무자는 선정된 고객을 공략해 구매를 설득하기까지의 영업 로드맵을 갖추고 있어야 한다. 영업 로드맵에 포함되어야 하는 항목은 다음과 같다.

① 가치 개발 및 차별화 가치 제안을 위한 도구 개발
　　i　가치 개발구조: S － Ps － B － E
　　　　i.　Spec : 제품의 특성, 장점, 기능, 성능
　　　　ii. Problem Solving : 가시적인 문제해결과 편리함-사용자, 사용상황
　　　　iii. Benefit : 사용자인 학생과 교수 그리고 학교가 얻는 이익, 혜택
　　　　iv. Example : 이익, 혜택에 대한 사례, 근거, 증거자료
　　ii　영업도구 : 제안서, 프레젠테이션, 시연, 샘플, 동영상, SNS 등
② 고객의 니즈 분석
　　i　고객 니즈 분석 7개 요소
　　　　i.　고객의 거시환경 변화(대학 교육시장에 영향을 미치는 요인 등)
　　　　ii. 고객의 경쟁사(타 대학들 등)
　　　　iii. 고객의 기존 공급자의 협상력
　　　　iv. 고객의 고객이 가진 협상력
　　　　v.　대체재(영어교육의 대체재-오프라인 강의,학원 등)
　　　　vi. 고객의 신규진입자(지역의 새로운 대학 설립 등)
　　　　vii.고객의 경영목표와 전략, 업무목표

    ii 고객 니즈 분석

        i. 사실-위의 고객 니즈 분석 7개에서 도출

        ii. 사실이 고객에게 미치는 영향

        iii. 고객이 해결할 문제와 담당부서

③ 고객의 니즈와 제품의 가치를 연결한 솔루션

    i 솔루션의 구조

        i. 고객의 배경

        ii. 고객이 해결할 문제 노는 달성할 목표

        iii. S – Ps- B - E

④ 고객의 구매관련 정보 파악

    i 구매계획

    ii 구매시기

    iii 구매권한

    iv 구매 프로세스

    v 구매조건

    vi 구매관련 총 비용

⑤ 지속적인 영업활동을 위한 로드맵과 각 단계의 시나리오

    i 초기접근 ~ 계약 ~ 고객관리

⑥ 임팩트 있는 세일즈 톡

    i 스토리텔링(story telling)

    ii 숫자활용

    iii 성공 그려주기

    iv 마인드 픽쳐(mind picture)

세일즈 리더십: 고객가치 창출을 원한다면 내부 커뮤니케이션을 내부 커뮤니케이션을 활성화시켜라

기업경영의 핵심은 가치 개발과 가치 제공을 통한 시장에서의 고객확보이다. 기업이 시장에 제공하는 가치는 기업이 소유한 내부자원의 효율적인 활용이 결정한다. 내부에서 활용되지 않는 자원은 낭비이고 곧 비용이 된다. 기업은 자사 내부에 있는 자원을 최적으로 활용할 수 있는 방법을 찾아야 한다. 그 중 가장 효과적인 방법이 영업조직의 사내 커뮤니케이션 활성화를 통해 고객과 시장을 위한 경쟁력 있는 가치를 창출하는 것이다.

조직의 모든 자원은 시장과 고객을 위해 활용되어야 하는 것이 조직 성공의 핵심이다. 경쟁력 있는 가치 개발은 영업실무자의 능력이 결정하기도 하지만, 진정으로 경쟁력 있는 가치 개발은 내부자원의 최적 활용으로 고객을 위한 가치 창출에 있다. 즉, 고객을 위한 가치 창출은 조직의 모든 부서가 협력해서 개발하고 달성해야 하는 것이다. 그리고 고객이 원하는, 고객이 기꺼이 가격을 지불하고 구매하는 가치는 공급사 혹은 제조사에 있지 않고 시장과 고객에 있다. 시장과 고객과의 접점에서 가치를 두고 비즈니스를 성사시키는 것은 영업조직의 역할이다.

따라서 영업조직이 내부 관련부서와 원활한 소통이 일어나지 않는다면 사내에는 수익창출과 매출을 일으키기 위해서 활용 되어야 하는 많은 자원이 활용되지 않고 소멸된다. 이는 곧 기업의 매출하락, 이윤하락, 비용상승으로 이어진다. 활용되지 않는 자원은 비용이다. 개발부 혹은 생산부의 개발능력과 생산능력이 고객을 위해 활용되지 않는다면 이는 곧 비용이 되는 것이다. 조직 내부에 어떤 기술과 능력이 축적되어 있는가는 중요하지 않다. 그 역량이 발휘되어 고객을 위한 가치창출로 이어지는 것이 중요하다. 이러한 사내의 역량과 고객을 위한 가치창출의 가교역할을 하는 것이 바로 영업조직이다. 영업조직과 사내 기타부서와의 원활한 소통이 이루어지지 않으면 영업성과악화라는 부정적인 영향이 확대 재생산 된다.

필자가 영업실무자들을 대상으로 강의를 하면서 가장 많이 듣는 영업의 어려움 중 하나가 내부 관련부서와의 커뮤니케이션이 잘 안 된다는 것이다. 물론 이 문제의 원인은 다양하다. 핵심은 이러한 어려움으로 인해 영업실무자들이 고객을 설득할 수 있는 기회를 놓친다는 것이다. 관련 부서들은 자신들의 자원과 역량을 영업조직이 활용하지 않는다고 이야기하고, 영업조직은 필요할 때 필요한 도움을 주지 않는다고 관련 부서들에 대한 불편함을 이야기 한다. 이렇게 영업조직과 내부 관련부서와의 소통이 원활하지 않으면 조직 내부에는 고객가치 창출을 위해 활용되어야 할 자원이 활용되지 않고 그대로 남아 있게 된다.

이에 대한 가장 현실적인 해결방법은 영업조직 혹은 영업실무자들에게 교차기능팀을 구성하고 운영할 수 있는 권한을 주는 것이다. 교차기능팀의 역할은 고객과의 비즈니스 성사를 위한 가치를 개발하고, 각 관련 부서의 개입수준과 자원활용을 논의하며, 때로는 고객을 공략하기 위한 전략과 전술까지도 논의하는 프로젝트 팀이다. 이 교차기능팀을 활용한다면 조직 내부에 잠자는 자원의 활용도를 향상시킬 수 있을 것이다. 이 교차기능팀은 영업조직과 영업실무자가 고객을 위한 가치 개발 및 가치 제안을 위해 조직 내부의 관련부서의 협력과 협조가 필요할 때 운영한다. 이 교차기능팀을 운영하는 영업실무자는 교차기능팀이 최적의 해결책을 찾도록 미팅을 이끌 수 있어야 한다. 교차기능팀을 운영하기 어렵다면 병원의 의사들이 환자 치료와 수술을 위해 세미나를 열듯이 고객가치 개발 회의를 영업조직 주도로 정기적으로 개최하는 것도 하나의 방법이 될 수 있다.

78개 현장사례에서 배우는 Sales Leadership
영업실무자가 묻고 세일즈마스터가 답하다

9

이탈고객이 돌아오게 하라

수년간 자사와 거래를 해 온 고객이 이유 없이 거래를 끊고 다른 경쟁사와 거래를 시작하였다. 경쟁사에 대한 정보를 파악한 결과 경쟁사의 제품품질에서 문제가 발생되고 있음을 확인하였다. 이 고객을 되돌아오게 하는 방법? 최고경영자를 만나는 것이 좋은 방법인가?

이런상황에서, 나라면....?

고객이 이탈을 하는 원인은 한 두 가지가 아니다. 가장 아쉬운 이탈은 자사의 역량으로 해결가능한 문제임에도 불구하고, 고객관리 실패로 인한 이탈이다. 이 책을 읽는 독자 역시 이탈을 경험하게 한 고객이 있을 것이다. 사례와 같은 상황에서 이탈 고객을 되돌아오게 하는 방법에 대해 생각을 해 보자.

① 우선 고객이 거래처를 바꾼 이유를 파악해야 한다.
　　A. 새로운 공급사와의 내부적인 인간관계 때문일 수도 있음
　　B. 품질불량에 대한 비용을 감수할 정도로 지금의 공급사와의 관계에 실망을 하였거나, 영업시스템과 영업실무자에게 불만이 있어서
② 최고 경영자를 만나기 전 실무자를 통해 충분한 정보를 파악해야 한다. 실무자가 다시 영업실무자의 제안을 검토하고 조직과 상사에 보고하도록 설득해야 한다. 실무자가 가진 영향력과 힘을 무시해서는 안 된다.
③ 만일 최고경영자를 만난다면 실무자에게 최고경영자를 만난다는 것을 알려야 한다. 영업실무자가 아니고 영업실무자의 상사 혹은 최고경영자 일지라도 영업실무자는 고객사의 실무자에게 이 사실을 알려야 한다.
④ 고객사의 최고경영자 개인적인 관계 때문일 수도 있기 때문에 실무자에게 심한 압박을 주어서는 안 된다. 이는 고객의 실무자 역시 해결할 수 없는 문제이다. 기회가 생길 때까지 실무자와의 관계를 돈독하게 유지하는 것이 중요하다.
⑤ 영업실무자에 대한 실망으로 거래처를 이동하였다면 영업실무자

를 바꾸는 것도 방법이 된다. 반대로 고객사의 실무자가 바뀜으로써 다시 영업의 기회가 생길 수도 있다.

⑥ 순수하게 비즈니스 성과로만 접근해야 한다. 어쩌면 고객 역시 이탈을 후회하고 있을 수도 있다. 고객이 다시 되돌아오는데 필요한 정당성을 알려주는 것이 필요할 것이다. 그동안 고객이 치른 비용들을 스스로 인식하도록 함과 동시에 이동의 이익을 명확하게 인지시킬 필요가 있다.

⑦ 고객의 이탈을 사전에 확인할 수 있는 체크 리스트를 만들어 사전에 예방을 할 수 있어야 한다. 이 체크 리스트에는 고객의 구매실무자의 변경, 전달되지 않는 메시지, 고객 비즈니스의 내·외부환경, 구매량의 변화 등이 포함되어야 한다.

영업 활동에 활용할 Action Idea

10

고객의 흥미를 유발해 구매를
고민하도록 하라

관할지역에 있는 규모가 꽤 큰 고객을 타깃으로 정한 후 고객을 방문하자 고객이 이미 다른 기업(자사 경쟁사)과 거래를 하고 있다고 하면서 기회를 주지 않는다. 고객사의 정보를 파악한 결과 장래 큰 거래기회가 있을 것으로 판단 되는데... 어떻게 이 고객을 공략할 것인가?

이런상황에서, 나라면....?

매력적인 고객인데 이미 경쟁사와 거래를 하고 있다. 그렇다고 포기할 수도 없다. 아마 고객으로 유치하는데 많은 시간과 에너지가 필요할지도 모른다. 혹시 예상하지 못한 사건이 발생으로 영업의 기회가 빨리 생길 수도 있다. 모든 가능성이 열려 있다. 다음의 방법을 활용해 이 고객의 선택을 받기 위한 노력이 필요할 것이다.

① 기회가 될 때마다 자사의 내부 역량을 어필할 것
  i 자사의 기존 거래서나 거래규모, 해결한 고객의 문세, 기존 고객들이 자사와 거래를 통해 얻은 성과 등을 지속적으로 알릴 것
  ii 기존의 커뮤니케이션 수단을 확장해 고객이 자사의 역량을 알도록 지속적인 정보제공이 필요하다. 확장 가능한 수단은 인터넷, SNS, 블로그, 카페, 유튜브, 인스타그램 등이 있다.
② 당분간은 장기적인 만남을 위한 관계구축에 집중하는 것이 좋다. 고객은 영업실무자인 당신이 왜 자신을 찾아오고, 자신과 관계구축에 노력을 하는가를 알고 있다. 좋은 관계구축은 고객 스스로 영업의 기회를 만들어 주기도 한다.
③ 고객의 구매 패턴과 스타일, 프로세스 등을 파악해야 한다. 고객은 구매의 번거로움과 구매에 시간이 소요되거나 귀찮은 업무를 피하고 싶어 한다. 경쟁사의 영업 패턴을 파악해 혹 고객에게 불필요한 비용을 지불하게 하는 것이 있는지 확인한다.
④ 기존 거래처에 대한 분석을 한 후 자사의 우위점 만을 강조할 것- 절대로 기존 거래처와 구매한 제품에 대한 부정적인 메시지는 주어서는 안 된다. 이는 고객의 선택에 부정적인 메시지를 주는 꼴이 되어 고객의 마음이 떠나갈 우려가 있다.

⑤ 고객사 내부에 영업실무자를 도와 줄 챔피언을 만들고 자사 내부의 네트워크를 확인 후 활용할 필요가 있다. 고객사 내부의 챔피언은 영업실무자에게 든든한 힘이 되고, 유용한 정보를 제공해 주기도 한다.

⑥ 고객의 비즈니스에 대한 정보파악으로 다양한 고객의 니즈를 발견해 영업의 기회로 만들어야 한다. 이를 위해 고객의 비즈니스에 영향을 미치는 내·외부 상황의 변화와 고객의 구매가치 사슬 분석으로 고객을 공략할 수 있는 접점을 확장할 필요가 있다.

⑦ 고객의 총 구매비용을 파악해 비용을 절감할 수 있는 아이디어와 방법을 계속 제공한다. 새로운 비즈니스 기회가 있음을 알리고, 공동으로 활용할 수 있는 준비와 역량이 있음을 알린다.

⑧ 실무부서를 접촉해 고객으로 하여금 구매의 필요성을 자극한다. 구매부서의 경우에는 이미 거래처가 있음으로 인해 새로운 거래처를 탐색하려는 동기가 약할 수 있다. 하지만 실무부서에서는 늘 더 나은 솔루션을 찾고 있다. 사용부서 실무자들을 위한 이벤트를 개최하거나 전시회 초청, 기술 세미나 초대 등을 활용하면 좋을 것이다.

영업 활동에 활용할 Action Idea

세일즈 리더십: 고객의 기억에 확고한 자리를 잡아라

고객은 어떤 영업실무자를 만나고, 어떤 가치 제안을 수용할까? 영업실무자는 고객의 기억에 어떤 모습으로 자리매김을 해야 영업의 기회가 확장될 수 있을까?

영업실무자가 고객의 기억 속에 독특한(고객이 필요할 때 가장 먼저 연락을 하거나, 가장 먼저 떠올리는 영업실무자가 되는) 자리를 잡기 위해서는 두 가지 측면에서 자리매김을 해야 한나.

하나는 인간적인 매력이고 인간적인 관계구축이다. 다 아는 사실이지만 같은 품질과 같은 거래조건이라면 고객은 자신과 대화가 되는, 공감대가 형성된, 인간적인 신뢰와 매력이 있는 영업실무자와 거래관계를 맺고자 한다. 고객이 영업실무자를 잘 모를 때 즉 고객이 영업실무자를 처음 만났을 때는 다음의 순서로 영업실무자를 판단하고 평가한다. 가장 먼저 보는 것은 첫 인상이다. 두 번째는 영업실무자의 능력이고 세 번째는 영업실무자의 태도이다. 하지만 고객이 영업실무자를 한두 번 만난 후에는 가장 먼저 보는 것이 영업실무자의 태도이고, 그 다음은 영업실무자의 능력이며, 마지막에는 영업실무자의 외모 즉 이미지이다. 따라서 영업실무자는 고객을 만날 때 항상 이 세 가지를 염두에 두고 상담과 미팅에 대한 준비를 해야 한다. 첫 번째 만남에서 외모 즉 이미지가 중요한 것은 아직 서로에 대한 이해의 폭이 좁거나 없기 때문이다. H.G. 할버슨에 따르면 사람들은 처음 사람을 만날 때 상대방이 적인지 아군인지를 구분한다고 한다. 그 다음은 자신에게 도움이 되는지 여부를 판단한다고 마지막으로는 누가 더 우세한 힘을 갖고 있는가를 판단한다고 하였다. 영업실무자가 고객과 만날 때마다 이 세 가지의 기준(외모-능력-태도, 아군-이익-파워)을 통과해야 한 고객의 저항을 극복하고 고객의 기억 속에 자리를 잡을 수 있다.

다른 하나는 비즈니스 가치 즉 거래가치이다. 고객은 자신이 누릴 혜택과 편리함, 이익, 불편함 해소, 준거집단의 긍정적 평가 등을 기준으로 자신의 구매결정을 하고 지갑을 연다. 즉, 고객은 영업실무자의 제안이 자신이 기꺼이 지갑을 열 정도의 가치가 있어야 거래를 위한 '흥미-관심-고민-검토-선택'의 의사결정 과정을 시작한다. 고객의 최종적인 결정의 핵심은 자신의 결정이 자신에게 도움이 되어야 하고, 이익이 있어야 한다는 것이다. 고객에 따라 이 결정의 핵심 포인트는 다소 차이가 나겠지만, 가장 핵심적이고 중요한 포인트는 가치이다. 고객이 제품과 서비스에 부여하는 가치는 고객의 가격 저항을 약화시킬 수 있는 매력과 힘이 있다. 영업실무자가 가치 중심의 커뮤니케이션을 해야 하는 이유가 여기에 있다. 영업실무자가 고객에게 제안해야 하는 가치는 제품의 속성, 언제, 누가, 어떤 상황에서, 어떤 이익을 그리고 다른 경쟁제품보다 다른 혜택을 누릴 수 있는 지로 구성이 된다. 이러한 구성으로 고객이 설득 당했을 때 고객은 영업실무자의 제안을 기억하고 필요할 때 가장 먼저 떠올리게 된다.

B2B영업이든 B2C영업이든 고객이 필요할 때 가장 먼저 상기되는 영업실무자가 되어야 영업성공의 기회를 잡을 수 있다. 영업실무자는 항상, 만나는 고객 누구나, 언제나 거래를 성사시키고 싶지만, 고객은 필요할 때 필요한 제품을 구매한다. 고객이 필요한 때와 필요한 제품에 대한 정보를 파악하지 못한 영업실무자는 새로운 가치로 고객의 기억 속에 독특한 자리를 잡는 제안을 하면서 구매관련 정보를 파악해야 한다. 고객과 성사되는 모든 거래는 다음 두 가지가 핵심이다. 여러 번을 만나도 지

루하지 않고 부담이 되지 않는 영업실무자가 되어야 하고, 언제 만나더라도 자신의 일, 업무, 생활에 도움이 되는 가치를 제공하는 영업실무자를 고객은 원한다.

11

—

영업관리자의 피드백 기술은
영업실무자의 역량을 강화한다

영업활동을 마치고 온 영업실무자가 관리에게 하는 말 중 대부분은
다음과 같다. "오늘 방문한 좋은 회사다. 반응이 좋다. 잘 하면 조만간
수주가 가능할 것 같다. 거래규모도 꽤 될 것이다. 오늘 만난 고객이
이번 구매에 결정권을 갖고 있는 것 같다." 등등이다. 그러면 관리자
는 "알았다. 열심히 하라." 등의 반응을 보인다. 이후 일정 기간 동안
그 기업은 영업실무자의 활동보고서에 이름이 자주 올라온다.

하지만 언젠가부터 그 기업의 이름이 영업실무자의 영업활동 보고서
에서 사라진다. 관리자가 그 이유를 물으면 영업실무자의 답은 "이미
다른 기업과 거래를 하고 있다. 실무자가 권한이 없다. 우리 제품에
대한 니즈가 없거나 사라졌다. 무리한 요구를 해 일부러 연락하지 않
는다. 담당자가 바뀌었다." 등의 답을 한다. 그러면 영업관리자는 "알
았다. 다른 고객을 찾아 열심히 하라." 정도의 말을 한다. 영업실무자
의 활동내용, 성과가능성, 고객의 반응과 고객 공략을 위한 활동 기획
등을 쉽고 정확하게 파악하는 방법은 없을까?

78개 현장사례에서 배우는 Sales Leadership
영업실무자가 묻고 세일즈마스터가 답하다

　이러한 상황에서 영업관리자는 조직의 성과관리를 위해 영업실무자들
이 영업활동을 효과적이고 효율적으로 할 수 있도록 코칭을 하거나 적절
한 피드백을 해 주어야 한다. 하지만 대부분의 관리자는 언제, 어떤 내용
으로 영업실무자의 역량을 강화하면서 영업성과 관리를 할 수 있는 코칭
과 피드백을 위한 수단과 방법을 갖고 있지 못하다.

　유능한 영업관리자가 되려면 영업의 성과관리를 위해서 영업실무자들
의 영업활동으로 언제 결과가 나올지, 영업실무자들이 올바른 방법과 프
로세스대로 영업활동을 전개하는지, 고객 분석은 제대로 하는지, 자신이
나 조직이 언제 어떤 지원을 해 주어야 하는지 등등에 대한 조언과 코칭,
피드백을 할 수 있어야 한다. 이를 위해서는 다음의 내용들을 준비하고
확인할 수 있어야 한다.

　① 일단 영업실무자 말을 그대로 믿지 말고 그들이 하는 보고내용과
　　 말의 이면을 파악할 수 있어야 한다. 이는 영업실무자들을 불신하

라는 것이 아니다. 영업실무자들의 속성상 영업이 진행되는 과정에 대해서 상세한 보고나 이야기를 잘 하지 않는다. 영업관리자 역시 과거에 그러하였고, 지금도 그러할 것이다. 하지만 영업관리자의 역할을 제대로 수행하기 위해서는 반드시 갖추어야 하는 역량이다. 이를 위해서 다음의 내용을 주지하고 활동하기 바란다.

② 영업실무자들이 서류로든 구두로든 영업활동을 보고할 때는 다음의 내용을 기준으로 실제적인 현황을 파악하여야 한다.

  i 고객의 현재상황과 고객의 문제 또는 니즈를 명확하게 확인할 필요가 있다. 고객의 상황을 파악한 수준에 따라 영업의 가능성과 영업실무자의 고객선정 수준을 알 수 있다.

  ii 고객의 실무부서와 그 실무부서의 업무목표 등 구매이유를 정확하게 파악하였거나 알고 있는지를 확인해야 한다. 여기서 말하는 실무부서는 구매부서가 될 수도 있고, 사용부서가 될 수도 있다.

  iii 사용부서인 실무부서의 현재상황과 실무부서가 달성할 목표 또는 목표달성을 위해 해결할 업무관련 문제를 정확하게 파악하고 있는지를 확인해야 한다.

  iv 구매계획 여부와 구매시기를 파악하였는지 확인이 필요하다. 구매계획 여부는 자사제품에 대해 고객이 필요한지를 확인하기 위함이고, 구매시기는 영업 성과관리를 위해 필요한 내용이다.

  v 고객의 구매 프로세스를 파악해야 한다. 고객이 구매계획이 있고, 구매시기가 다가오면 고객은 구매업무를 시작하는데 그때 구체적인 구매방법이 결정된다. 그리고 고객의 구매 프로세스는 향후 영업활동의 방향을 결정하는 중요한 정보가 된다.

vi 고객의 구매유형을 파악하였는지 확인한다. 고객의 구매유형은 곧 고객의 구매 프로세스를 판단할 수 있는 기준이 된다. 고객의 구매유형은 반복구매, 목표구매, 신규구매가 있다.

vii 영업활동이 어느 정도 진척되면 고객의 구매조건을 파악하도록 코칭을 해야 한다. 구매부의 구매조건은 구체적인 계약조건이 되고, 실무부서의 구매기준은 제품의 특성, 사양, 품질, 기능, 성능이 될 것이다.

viii 고객을 만나고 온 후 다음 방문시기와 약속을 잡았는지를 확인하여야 한다. 그리고 고객에게 제안한 내용과 다음 번에 제안할 내용, 자료가 무엇인지를 확인하여야 한다. 영업실무자의 영업자료 준비를 통해 고객의 구매가능성을 예측할 수 있다.

ix 영업실무자의 영업활동 중에 조직의 지원이나 관리자의 지원이 필요한지 여부를 확인하여야 한다. 이 정보를 통해 영업의 진척도를 확인할 수 있다.

x 앞으로 영업활동 계획 또는 로드맵이 세워져 있는지 확인을 해야 한다. 이 내용은 고객의 구매 프로세스와 조화가 되어야 한다.

③ 위 두 번째의 코칭 또는 피드백을 위해서는 자사의 영업 프로세스 구축과 영업 시나리오가 잘 갖추어져 있어야 한다. 이 두 가지를 통해 영업의 진척도 관리가 가능하고, 영업실무자에게 요구되는 영업 스킬을 향상시킬 수 있다.

세일즈 리더십: CEO가 영업의 모델이 되어야 한다

CEO와 임원들이 영업의 모델이 되어야 한다. CEO와 임원이 하는 일 중에 돈을 버는 일이 얼마나 되는가? 시장에서 원하는 돈을 벌지 못하는 기업은 내부의 비용과 원가절감을 통해 돈을 벌려고 한다. 하지만 이 방법은 금방 한계를 드러낸다. 비용절감과 원가절감에는 한계가 있고, 어느 정도의 임계치를 넘어서면 조직 구성원들의 동기부여에 부정적인 영향을 미치기 때문이다. 그런데도 CEO와 임원들은 외부에서 돈을 벌기보다는, 비용절감을 통해 돈을 벌기 위해 끊임없이 비용절감!!! 원가절감!!!을 주문한다. 비용절감과 원가절감을 통해 확보하는 경쟁력은 가격 경쟁력이다. 하지만 가격 경쟁력이 얼마나 지속될 수 있을까? 설령 가격 경쟁력을 갖추어 매출을 확보하더라도 문제는 이익수준(마진)이 떨어지는 것이다. 그리고 원가절감, 비용절감은 CEO가 하는 것이 아니라, 각 부서의 리더가 하는 것이다. 시장과 고객의 가격 저항을 극복하는 방법은 고객의 비즈니스 파트너가 되는 것이고, 그 방법과 내용은 시장과 고객에 있으며, CEO는 이것들을 가장 먼저 파악해 효과적으로 대응해야 하기 때문에 영업을 해야 한다. 고객이 원가절감을 위해 구매가격을 낮추려는 시도를 비즈니스 기회를 확장해서 더 많은 돈을 벌게 해준다면 어떻겠는가? 진정한 비즈니스 파트너로 인정받을 것이다.

영업은 회사의 꽃이다. 영업 만이 회사를 먹여 살린다. 이러한 말은 구호로만 그쳐서는 안 된다. 실제 영업이 화려한 꽃을 피워야(계약을 수주) 한다. 화려한 꽃을 피우려면 씨앗을 땅에 뿌리거나 묻고서 가만히 두면 안 된다. 최고의 토질과 영양분, 적절한 수분, 바람, 비, 태양 등등이 있어야 꽃을 피울 수 있다. 기업의 모든 기능과 시스템은 영업이 화려한 꽃을 피우는데 자양분이 되고 거름이 되어야 한다. 하지만 현실은 어떠한가? 많은 영업실무자들이 힘들어 하는 것 중 하나가 내부협의, 내부영업이라고 한다. 이 문제를 해결해 주지 않으면, 그리고 이러한 문제가 지속된다면 영업실무자들이 화려한 꽃을 피우기에는 한계가 있다. CEO가 영업실무자가 되어 영업을 해보면 이러한 사실을 잘 이해하게 되고, 그럼으로써 회사의 모든 시스템을 영업 지향적으로 바꿀 수가 있다. 영업을 모르는 CEO는 많은 돈을 벌 수 없다. 물론 영업을 잘 모르는 CEO라도 많은 돈을 버는 방법이 있다. 그 방법은 우수한 영업인재를 확보하고 그들이 영업에 몰입하도록 만들어야 하며, 그에 합당한 보상도 해주면 된다. CEO 스스로 최고 영업실무자가 되는데 어려움이 있다면, 기업 내 영업조직의 경쟁력을 강화해야 한다.

큰 책상에 앉아 각 부서에서 올라온 보고서를 보고 있는 CEO분들이여! 지금 그 서류가 돈을 벌어오는 것인가를 검토하시고, 그렇지 않다면 서류를 덮고 영업현장으로 가십시오! CEO께서 원하시는 기회와 성과(돈)는 시장과 고객에게 있습니다.

12

타임 페이싱(Time Pacing)전략을 준비하라

타깃 고객으로 선정한 기업의 구매담당자를 만나 구매계획 여부를
확인할 결과 5개월 후에 구매업무를 시작할 계획이라고 한다. 그러
면 지금부터 남은 5개월간 어떤 영업활동을 전개해야 하는가?

앞에서도 여러 번 강조를 하였듯이, 고객은 자신이 필요할 때 구매를 한다. 영업실무자의 로망대로 영업실무자가 원할 때, 원하는 방식으로 구매하는 고객은 없다. 따라서 영업실무자가 원하는 판매시기와 고객의 구매시기에는 차이가 난다. 이 차이(갭)를 극복하는 영업도 매우 중요하다. 일단 위 상황에서 알 수 있듯이 구매계획(제품과 서비스가 필요하다는)은 있다는 것이 확인되었다. 관건은 남은 5개월 간의 영업활동 내용에 따라 고객의 공급사 선택이 달라질 수 있다는 것이다. 다음의 영업지침을 활용해 영업활동을 전개하기 바란다.

① 고객과의 관계구축에 집중해야 하다. 첫 번째 관계구축은 인간적인 관계를 구축하는 것이고, 두 번째는 비즈니스적인 관계구축이다. 이 둘의 관계구축을 위해서는 공감대를 형성해야 하고 신뢰를 쌓아야 한다. 인간적인 매력, 전문성과 고객의 업무와 비즈니스에 대한 이해를 바탕으로 충분한 신뢰를 얻으면서 자사와 거래를 해야 하는 정당성을 알리고 설득해야 한다.

② 다음으로는 구축된 관계를 통해 고객의 구매업무와 관련된 정보를 가능하면 많이 파악해야 한다. 구체적인 내용은 다음과 같다.

    i   고객의 구매 프로세스 파악 및 단계에 맞는 영업활동

        i. 고객의 비즈니스 환경과 경영목표, 전략 파악

        ii. 고객사 실무부서의 업무목표와 달성전략 파악

        iii. 자사의 타기업 문제해결 등에 대한 자료 제공으로 자사의 비즈니스 역량 어필

        iv 고객의 구매유형과 구매전략

        v. 고객의 구매방법과 절차

  ii 내부 이해관계 부서, 사용부서 확인-그들의 내부 조건, 니즈를 파악

      i. 가치를 알도록 하는 활동 전개: 샘플, 공장견학, 시연 등

         1. 현업부서의 전환비용 만들기, 매몰비용 만들기

         2. 사용부서의 내부 니즈, 동향, 지침, 구매결정 기준파악

      ii. 조언자가 있다면 그 부서의 역할, 선호성향 등

 iii 구매센터의 전략적 공략: 의사결정권자 등

      i. 구매센터 내부의 변화, 동향 파악

      ii. 고객의 구매소선과 구매선탁 등 파악

      iii. 고객사 내부 구매관계자의 자사 경쟁사와의 네트워크 확인

      iv. 자사 내부 구성원과 고객사 내부 네트워크 파악

 iv 자사와 자사의 제안에 대한 반응과 신뢰구축성

      i. 구매부, 실무부서 모두

      ii. 비즈니스 성과에 대한 신뢰구축

 v 경쟁사의 움직임 파악과 대응

영업 활동에 활용할 Action Idea

세일즈 리더십: 영업성과를 결정하는 영업 프로세스 구축

영업회의시간

팀장: 김홍식 대리, 요즘 자주 방문하는 한길산업 건은 어떻게 진행되고 있나?

김홍식 대리: 예, 팀장님. 요즘 열심히 만나고 있습니다. 2달 정도 후면 결과가 나올 것 같습니다. 기대하셔도 좋습니다.

팀장: 그래, 기대되는 군. 현재 진행상황은 어떤가?

김홍식 대리: 예, 지난 주에도 한 번 만났고, 이번 주에 다시 한 번 만나려고 합니다. 그쪽 구매담당자와 관계도 원만해서 문제될 것은 없습니다. 앞으로 더 자주 만나면 좋은 결과가 나올 것 같습니다.

팀장: 그래, 계속 수고해줘...

3주 후 다시 영업회의시간

팀장: 김홍식 대리, 한길산업 건은 잘 되어가고 있지?

김홍식 대리: 예, 팀장님, 그게… (하면서 망설인다.)

팀장: 왜, 무슨 문제가 있나?

김홍식 대리: 예, 아닌게 아니라,… 한길물산이 지난 주에 경쟁사인 대림과 계약을 했습니다. 저도 이렇게 될 줄 몰랐습니다. 앞으로 더 열심히 하겠습니다.

위 상황은 기업의 영업회의에서 흔히 볼 수 있는 상황이다. 대부분의 영업실무자는 자신의 영업활동에 대한 성공을 낙관적으로 기대한다. 하지만 영업조직을 이끄는 리더(팀장, 부서장)는 영업의 성과뿐 아니라 영업실무자들의 영업활동 전반에 대한 궁금증을 갖고 있다. 즉, 지금 영업실무자들이 영업활동을 제대로 하고 있는지, 언제쯤 영업성과가 나올지, 그리고 영업성과를 위해 언제 어떤 지원이 필요한지를 알고 싶어 한다. 하지만 대부분의 영업실무자들은 회의에서 위의 김흥식 대리와 같은 대답을 하는 것이 일반적이다. 따라서 영업조직을 이끄는 리더는 자사 영업실무자들의 활동관리와 영업 신척노 관리 빛 영업성과 관리를 잘할 수 있는 방법을 끊임없이 찾고 있다.

영업성과 관리는 영업활동 관리와 영업 진척도 관리에서 시작된다. 이를 위해서는 영업실무자들의 영업활동이 언제쯤 성과로 이어지고, 성과 달성을 위해 어떤 영업활동이 언제, 어떤 순서로 수행되어야 하는지를 효과적으로 관리하는 시스템이 갖춰져야 한다. 영업성과는 영업실무자들의 영업활동 내용과 고객의 구매 프로세스가 조화를 이룰 때 나온다. 이 말은 고객의 구매 프로세스가 바탕이 된 영업 프로세스로 영업활동 관리와 영업 진척도 관리를 해야 한다는 것이다. 영업성과는 영업과정 관리 수준에 따라 결정된다는 것이다. 잘 구축된 영업 프로세스와 각 프로세스의 수행능력은 곧 영업실무자와 기업의 영업역량이 된다. 그리고 영업 프로세스는 영업실무자가 고객을 공략하는 영업활동 기획의 로드맵이 된다. B2B영업에서는 영업실무자가 판매하고자 하는 시점과 고객의 구매시점에는 차이가 난다. B2B영업실무자는 이 시간 차이를 극복할 수 있는 영업활동을 기획할 수 있어야 한다. 이 영업활동 기획의 근간 역시 영업 프로세스가 된다.

일반적인 B2B영업 프로세스는 '고객발굴-고객 니즈 추론-상담약속-1차 상담(니즈 확인)과 제안-2차 상담(니즈 발굴과 제안)-3차 영업상담-고객요구 대응-고객거절, 거부극복-견적서 제출-협상-계약-고객관리'로 구성된다. 영업실무자가 지금 만나고 있는 고객이 영업 프로세스의 어느 단계에 있는가를 확인하면 앞으로의 영업활동 기획과 영업성과 예측이 가능해진다. 물론 이 영업 프로세스는 기업의 업종과 고객의 구매 프로세스에 따라 차이가 있다. 이러한 상황에서도 자사의 영업 프로세스를 구축하는 것이 영업성과 관리를 위한 영업활동 관리와 영업 진척도 관리를 위한 필수요건이다. 그리고 과학적이고 합리적이며, 효과적이고 효율적인 영업을 위해서도 영업 프로세스를 구축해야 하며, 기업의 영업 특성에 맞는 인재를 선발하고, 적절한 교육훈련을 위해서도 이 영업 프로세스를 갖추어야 한다.

13

다양한 가치를 제안하라

가망 고객이라 판단을 하고 접촉을 하였지만, 고객이 이미 다른 공급사 즉 자사의 경쟁사와 거래를 하고 있다. 이 고객과 꼭 거래관계를 만들고 싶을 때

영업실무자가 현장에서 많이 겪는 현실이다. 신규고객 발굴의 3가지 원칙은 먼저 발견하고, 먼저 접촉하고, 그리고 먼저 계약을 받는 것이다. 안타깝지만 경쟁사 역시 이 원칙으로 고객을 확보하고 있다. 이러한 상황에서 고객과 반드시 거래를 하고 싶으면 다음의 전략과 전술을 활용하기 바란다. 자사 고객이든, 경쟁사 고객이든 기존 고객은 더 나은 대안을 발견하지 못한 고객이다. 사례와 같은 고객도 자신들에게 도움이 되는 가치를 발견한다면 기꺼이 공급사를 교체할 의향이 있다. 따라서 영업실무자는 자사의 역량을 토대로 다양한 가치를 개발해 고객에게 제안할 수 있어야 한다. 다음의 방법으로 다양한 가치를 개발할 필요가 있다.

① 구매유형과 구매상의 비용을 파악해 비용절감의 기회가 있음을 제안한다. 구체적으로 다음의 구매비용들이 있다.

   i 구매부- 총 구매비용을 중심으로 고객이 절감 가능한 비용을 파악해 제안을 한다. 고객의 총 구매비용에는 구매관련 비용(가격, 구매과정의 갈등 등), 소유관련 비용(감가상각 등), 사용관련 비용(기능유지, AS 등)이 있다.

   ii 실무부서-사용가치 확대지원 혹은 사용상의 위험 제거, 더 많이 더 자주 사용함으로써 고객이 얻는 이익을 강조한다

② 기존 거래처와의 특수관계 여부를 파악해 대응준비를 해야 한다. 물론 자사내부에 고객사와의 특수관계가 있는 구성원의 도움을 받을 필요도 있다.

③ 인간적인 밀착도 강화와 동시에 비즈니스 밀착도 강화-인간적인 매력과 비즈니스 관련 전문성으로 고객의 신뢰를 얻어 새로운 영업의 기회를 확보한다.

④ 문전 걸치기식 영업으로 고객의 긴급발주, 소량발주에 대응하면서 자사의 역량을 보여준다.

⑤ 경쟁사가 지원하지 못하는 가치를 파악하고 적절한 제안으로 고객의 필요를 자극한다. 이를 위해서 자사의 역량을 최대한 활용하고, 고객의 총 구매비용에 대한 이해가 전제 되어야 한다.

⑥ 고객의 비즈니스 성공기회를 발견해 고객에게 제안한다. 최근의 기술변화와 소비자들의 트렌드 등을 분석해 고객이 더 많은 돈을 벌 수 있는 새로운 기회를 제안하고, 가능하다면 공동 프로젝드로 만든다. 이를 위해서 고객의 경영목표, 비전을 잘 살펴 고객의 성공을 지원한다.

⑦ 고객의 구매가치 사슬 분석으로 다양한 공략 포인트를 발견하고 접근해 영업의 기회로 만든다. 일반적으로 고객의 구매가치 사슬은 '필요발견 ~ 구매 ~ 저장/보관 ~ 설치 ~ 사용 ~ 처분'으로 구성된다. 각 단계마다 고객이 갖고 있는 문제, 목표 등을 파악해 솔루션을 제안한다. 고객을 공략하는 접점은 생각보다 많고 다양하다는 사실을 적극 활용하면 좋은 성과를 달성할 수 있을 것이다.

⑧ 장기적인 전략을 수립해야 한다. 영업실무자의 로망에 함몰되어 성급하게 가격을 깎아주는 등의 조건영업 혹은 접대를 하는 등의 고비용 영업을 자제해야 한다.

영업 활동에 활용할 Action Idea

14

인내하고 인내하면서 영업의 기회를 만들어라

고객을 방문해 열심히 설명을 하였는데 고객이 구매계획이 없다고 한다. 영업실무자는 필요할 것이라고 판단하는데 고객은 천천히 이야기하자고 한다. 진짜로 구매계획이 없는 것인지? 그냥 하는 소리인지, 이미 구매를 했는지, 기업에 대한 부정적인 선입견이 있는지… 이러한 정보를 어떻게 파악을 하고 영업활동을 전개할 수 있을까?

이런상황에서, 나라면....?

고객과 상담을 하거나 커뮤니케이션을 할 때 영업실무자가 바꿔야 하는 것은 고객의 말을 곧이곧대로 믿는 것이다. 모든 고객이 그렇지는 않지만 대부분의 고객의 말에는 어떤 의미 혹은 의도가 숨겨져 있다. 위 상황에서도 고객의 반응을 여러 가지로 해석하고 적절한 방법으로 대응하는 유연함을 가져야 한다.

① 진짜로 구매계획이 없을 수도 있다. 영업실무자가 아주 무능하지 않다면 전혀 관련이 없는 고객을 만나지는 않는다. 영업실무사가 고객을 선정하였다면 그 비중은 다를 수 있지만 고객에게 제품이 필요하거나 필요할 것이라는 것이 전제되어 있다. 그렇다면

   i 구매계획을 수립하도록 고객을 설득해야 한다. 운전면허증이 없는 사람에게 자동차를 팔려면 고객에게 운전을 가르쳐야 한다. 구매부서는 구매계획이 없을 수 있지만 현장의 실무부서에서는 구매의 필요성을 갖고 있을 수 있다. 실제로 제품과 서비스를 사용하는 부서를 통해 구매의 필요성을 자극할 수 있어야 한다.

   ii 고객이 필요성을 발견하도록 영업활동을 전개해야 한다. 고객이 구매 필요성을 갖는 단계는 '흥미유발-관심-고민-검토-보고'로 진행이 된다. 고객의 흥미를 유발할 수 있는 자료와 메시지를 활용해 고객의 필요성을 자극할 필요가 있다.

   iii 새로운 비즈니스 기회를 고객이 알도록 고객을 자극한다. 자료를 제공하거나, SNS를 활용할 수도 있다.

   iv 고객의 다양한 부서와 이해관계자를 대상으로 공략하는 시도를 한다. 고객의 구매관계자 혹은 고객의 구매가치 사슬 분석

을 통해 고객을 공략하는 접점을 확장할 수 있어야 한다.

v 고객이 블루시장을 창출하도록 아이디어를 제안한다. 이는 고객이 가장 바라는 것이다. 고객이 모르는 비즈니스 기회를 알도록 해 고객의 비즈니스 파트너가 되는 것이다. 또는 고객이 원하는 기회를 볼 수 있도록 제안을 할 수도 있을 것이다.

가) 돈을 더 벌 수 있는 기회

나) 비용을 더 줄일 수 있는 기회

vi 구매부와 실무부서 등을 대상으로 장기전을 준비한다. 고객에게 구매의 정당성을 인식시키는 데에는 시간이 소요된다. 구매부만 만나지 말고 사용부서 등 다양한 이해관계를 접촉하면서 구매의 필요성과 정당성을 알려야 한다.

② 그냥 하는 소리일 수 있다. 고객이 영업실무자의 반응을 떠 보기 위한 의도가 숨겨져 있을 가능성이 있다. 따라서 고객의 반응과 메시지의 이면을 확인하기 전에 가격문제를 떠안거나 보따리를 풀지 말아야 한다. 차별화의 유일한 요소가 거래조건이라면 가격을 깎아줄 수 있다는 표현 대신 '협상이 가능하다. 구매비용을 줄일 수 있는 방법이 있다.'는 표현을 활용해 고객의 반응을 살펴야 한다.

③ 이미 구매를 했을 수도 있다. 영업실무자가 한발 늦었다. 이런 경우에는 우선적으로 공감대 형성과 신뢰구축에 집중해야 한다. 혹 구매 후 고객이 제품과 관련해 곤란한 상황에 처해 있거나, 불편함이 있다는 것을 확인하였다면 능력범위 내에서 도와주도록 하라.

④ 고객이 자사 혹은 영업실무자와 제품에 대해 부정적인 선입견이나 오해를 하고 있을 가능성도 염두에 두고 살펴야 한다. 고객의 부정적인 선입견이나 오해의 근원을 파악해 이를 해결하는데 우선순위를 두어야 한다.

영업 활동에 활용할 Action Idea

15

고객의 의사결정 과정에 적극적으로 개입하라

고객을 방문한 영업실무자 K씨, 고객이 K씨의 설명을 듣고는 "알았다." "기다려 달라." "결정되면 연락을 주겠다."라고 하는 말을 종종 듣는다. 영업실무자 K씨는 고객의 이러한 말과 반응에 어떻게 대응하는 것이 좋을지 고민이다. 왜냐하면 이런 말을 한 고객이 구매를 하지 않거나, 정작 구매는 경쟁사에서 하는 일이 발생하기 때문이다.

이런상황에서, 나라면....?

78개 현장사례에서 배우는 Sales Leadership
영업실무자가 묻고 세일즈마스터가 답하다

영업실무자의 제안과 영업활동은 실제적으로 고객의 구매의사결정에 영향을 미쳐야 한다. 고객의 구매결정과정에 영향을 미친다는 것은 그만큼 선택을 받을 수 있는 기회가 늘어난다는 것이다. 영업실무자의 업무는 제품과 회사, 자신을 홍보하는 것이 아니다. 영업활동의 성과는 고객의 반응을 끌어내는 것이다. 고객의 구매실무자로부터 끌어내야 하는 반응은 '흥미유발 – 관심 – 고민 – 검토 – 보고'로 구성되어 있다.

이렇게 고객의 반응을 이끌어내기 위해서는 고객에 맞는 메시지를 제공해야 한다. 구매담당자와 사용부서의 실무자를 움직이기 원한다면 나음의 방법을 활용해야 한다.

① 구매담당자
  i 내부 구매관련 정보 파악-구매계획, 구매시기, 구매 프로세스, 구매 권한 등의 정보로 이는 영업의 초기 단계에서 반드시 확인해야 하는 정보이다. 이 정보에 따라 향후 영업의 방향이 결정되기 때문이다.
  ii 고객의 총 구매비용 절감 가능성을 제안해 고객이 고민하도록 만들어야 한다. 물론 이는 구매계획이 수립되어 있을 때 효과를 발휘한다. 구매계획이 없더라도 구매비용 절감의 수준이 매력적이라는 것을 강조해 고객이 구매계획을 세우도록 설득해야 한다.
  iii 고객이 내부 관련부서에 자료를 제공하도록 가치 제안을 해야 한다. 구매부서가 실제로 사용을 하는 실무부서가 아니더라도 구매비용의 절감과 사용부서의 업무목표달성 지원 등에 대한 확신을 갖도록 하면 고객의 긍정적인 반응을 이끌어 낼 수 있다.

iv 실무부서 접근 가능성을 올리는 관계구축을 할 필요가 있다. B2B기업의 구매계획의 대부분은 실무부서의 필요에 의해 수립된다. 하지만 구매부서는 가급적 영업실무자가 사용부서를 만나는 것을 반기지 않는다. 실무자와의 돈독한 관계구축을 통해 이러한 활동에 대한 거부감을 제거할 필요가 있다.

v 고객과의 공감대 형성으로 고객이 영업실무자의 방문에 부담을 갖지 않도록 신뢰를 구축해야 한다.

vi 구매를 강요하지 말고 팔려고 안달하지 마라. 고객은 영업실무자를 위해 구매하지 않는다. 고객이 스스로 구매하고 싶어 하도록 만들어라.

② 실무부서

i 만일 사용부서의 실무자를 만난다면 구체적인 업무성과를 알려야 한다. 이를 통해 내부에서 고민과 검토를 하도록 제안을 해야 한다.

ii 제안을 할 때는 구매를 통해 고객이 얻는 이익, 문제해결, 편리함 등을 근거자료, 사례와 함께 도구와 수단을 활용해 고객에게 알릴 필요가 있다.

iii 사용부서 실무자 역시 공감대 형성과 신뢰구축으로 만남의 부담을 줄여야 한다.

iv 사용부서의 고객이 만나고 싶어 하도록 업무에 대한 지식을 근거로 전문성을 보여주어야 한다. 특히 사용부서 실무자와 대화를 할 때는 업무에 도움이 되는 실제적인 정보를 제공해 주어야 한다.

③ 결론

i. 고객이 사실을 말할 때까지 기다리지 마라. 적절한 질문을 활용해 고객의 현재상황과 의중을 파악할 수 있는 상담을 전개해야 한다.

ii. 다시 만날 수 있는 기회를 만들어 놓고 헤어져야 한다. 무엇인가 반드시 약속을 받아야 한다. 고객이 고민하는 것이 무엇인지를 파악하고 이에 대한 대안이나 솔루션을 제안하거나, 제안할 수 있다는 것을 알리고 약속을 받아야 한다.

iii. 다양한 도구를 통해 고객에게 지속적으로 가치를 인식시켜라-SNS, 블로그, 유튜브, 카페, 페이스북, 홈페이지 등을 활용해 고객과의 커뮤니케이션 기회를 확장해야 한다.

iv. 상담에서 고객이 이해한 수준을 확인하라. 고객이 제품에 대한 가치를 제대로 인식하고 있는지를 확인함으로써 상담의 성과를 판단할 수 있다. 영업실무자가 고객과 대화를 하였다는 것이 중요한 것이 아니고, 고객의 기억 속에 남긴 것이 중요하다.

영업 활동에 활용할 Action Idea

16
—
대리인과 협력하라

조명기구를 영업하는 J씨는 최근 자신이 활동하는 지역의 대리점 대표로부터 전화를 받았다. 대리점 대표는 자신의 지역에 꽤 규모가 큰 건설사의 공사에 입찰을 하려하는데 이미 본사의 직영팀에서 입찰을 했다고 하면서, 왜 자신이 맡은 지역에 본사가 영업을 하고 그 성과를 공유하지 않느냐는 늘 발생하는 지역 대리점 대표와 본사 직영팀 간의 갈등과 관련된 전화였다. 기업의 영업시스템에서 직영 조직과 지역 혹은 개인 대리점 체제를 운영하는 영업조직에서 자주 발생하는 문제이다. 직영조직이 대형 프로젝트를 본사차원에서 직접 영업을 함으로써 지역 혹은 개인 대리점을 운영하는 대표들에게는 그 만큼의 영업의 기회가 줄어드는 것에 대한 불만이다. 이는 영업실무자 개인의 능력으로 해결할 수 있는 문제가 아니다.

어떤 면에서는 지역의 대리점 대표가 지역 내의 네트워크를 활용한다면 본사 혹은 직영대리점 보다 더 나은 영업의 기회를 확보할 수도 있다. 과거 정보공유가 원활하지 않고 본사와 지역 대리점 간의 공간과 시간 및 거리적 한계가 있을 때 수립된 정책이 지금도 그대로 유지되는 것이다. 이로써 발생하는 문제는

① 직영팀의 가격 파괴로 인한 시장 가격의 파괴의 우려와 이로 인한 대리점의 영업에 부담을 줄 수 있다.

② 위 사실로 인한 대리점의 기회주의적 행동이 나올 수 있다. 이러한 대리인 문제를 유통라인을 활용하는 기업에는 늘 발생가능한 문제이다.

③ 본사에 대한 신뢰가 떨어진다.

이러한 상황을 극복하는 방법으로는

① 기존의 영업체계를 개선한다.

② 대리인을 최고의 영업조직으로 활용할 필요가 있다.

③ 공동 입찰 등의 협력영업으로 영업의 영향력을 확장한다.

④ 대리인을 비즈니스 파트너로 생각하고 대리인의 장점을 최대한 활용하는 영업 시스템을 구축한다.

⑤ 계약조건의 명확화를 통해 대리점의 불만을 사전에 차단한다.

⑥ 대리점과 협력적인 비즈니스를 할 수 있도록-최초 수준은 본사 직영팀이 하고 이후 추가 서비스나 비즈니스는 대리점이 할 수 있도록 한다.

영업 활동에 활용할 Action Idea

17

장기적인 플랜을 세워라

물류기업 Z사의 수출 영업실무자 L씨는 국내 전선업체 N사를 고객으로 유치하려 한다. 하지만 N사는 이미 다른 물류회사를 이용하고 있다. L씨는 고객사의 영업관리팀 담당자 김동일 씨에게 경쟁사보다 유리한 조건인 CFS[Container Freight Station]를 제안 하였다. 이를 시작으로 추후에는 해상, 육상운송, 통관까지 원스탑(one-stop) 물류서비스까지 수주하고자 한다. 어떻게 고객을 설득해 거래를 시작할 수 있을까?

이런상황에서, 나라면....?

3. 영업상황과 창의적인 대응 – 이럴 땐 이렇게

좋은 영업 기회를 발견한다는 것은 영업실무자에게는 하나의 축복이다. 하지만 그 영업의 기회를 자신의 계약으로 이어지도록 하기 위해서는 구체적이고 실제적인 전략과 전술인 영업활동이 뒷받침 되어야 한다. 사례와 같은 상황에서 영업실무자는 다음의 내용을 활용해 고객 공략 전략과 영업활동을 기획하면 좋은 결과를 얻을 수 있을 것이다.

① 파악할 정보: CFS수주와 향후 원스탑 서비스 수주를 위해

   i   현재 거래처의 업무수행 및 서비스 만족도와 줄이고 싶은 구매비용

   ii   영업관리팀의 구체적인 요구사항 파악

   iii   N사 고객의 특징과 요구사항을 파악해 N사가 선제적으로 대응하거나 더 나은 비즈니스 기회를 발견하도록 아이디어 제공

   iv   현재 수출관련 업무 시스템과 고민들을 파악

② 제안내용과 제안방법

   i   자사의 역량과 서비스 내용을 정리

   ii   고객이 원하는 서비스 시스템과 고객이 줄일 수 있는 비용들을 근거자료와 함께 제안해 현재보다 더 나은 대안이 있다는 것을 주지시킨다.

   iii   N사의 비즈니스 상황과 N사 고객의 요구사항들을 구체적으로 파악한 후 블루오션 고객과 시장의 발견과 공략 가능성 및 성과를 정리-제안을 해 N사 비즈니스 확장 기회와 경쟁력 강화의 기회를 제공한다.

③ 실무자에게 공급사 교체의 가시적인 성공을 보여줄 것. 그래서 거래선 교체의 정당성을 상사와 조직에 보고하도록 지원한다.

④ 영업의 방향
 i CFS를 먼저 제안하였으므로 기회가 되면
 ii 원스탑 서비스를 동시에 제안해 고객이 자신의 가시적인 성공을 상상하도록 보여준다.

영업 활동에 활용할 Action Idea

추가로 다음과 같은 상황도 생각해보라.

그러던 어느 날, L씨에게 기업 H사로부터 연락이 왔다. H사 담당자는 현재 H사가 자신의 고객 중 G사의 화물을 Z사의 경쟁사에게 위탁을 하고 있다고 하면서, 가격 120\$/t를 100\$/t로 해주면 거래를 하겠다고 한다. L씨는 고객의 요구를 수용하려 하는데 몇 가지 고민이 있다. 1) 고객 H사가 다른 기업의 물류비용도 깎아 달라고 하는 것, 2) H사의 고객인 G사가 다른 경쟁사와 직거래 하는 위험, 3) 이로 인해 가격유지가 어려워질 가능성이다.

이런상황에서, 나라면....?

78개 현장사례에서 배우는 Sales Leadership
영업실무자가 묻고 세일즈마스터가 답하다

① H사의 기존 거래처들을 파악한다.

② H사가 G사의 화물비용을 낮추려는 이유를 파악한다.

③ G사의 경우에만 한하여 계약을 맺는다.

④ G사가 자사(Z사)에 대해 갖고 있는 인식이나 이미지를 파악한다.

⑤ 계약조건을 면밀하게 검토해 파이를 키우는 협상에 임한다.

⑥ 이번 계약의 가격할인으로 발생 가능한 가격파괴에 대한 보험을 든다.

영업 활동에 활용할 Action Idea

3. 영업상황과 창의적인 대응 – 이럴 땐 이렇게

18

영업의 기회를 공고하게 만들어라

이동통신 서비스 망 구축을 위한 안테나를 개발·공급하는 H기업의 영업실무자 R씨. 이동통신사 또는 안테나 시공사인 J사에 안테나를 공급하는 영업을 하고 있다. 국내 경쟁사는 5곳이 있으며, 그중 H사는 2위 기업이다. H는 현재 국내 3위 이동통신사와 주로 비즈니스를 하는데, 향후 1, 2위 업체와도 거래하고자 한다. 시공사인 J사는 자신들의 이익확보를 위해 점점 까다로운 조건을 요구한다.

이런상황에서, 나라면....?

78개 현장사례에서 배우는 Sales Leadership
영업실무자가 묻고 세일즈마스터가 답하다

영업을 통해 고객과의 비즈니스 관계를 공고히 하는 방법은 고객을 습관화 시키거나, 고객이탈에 따른 전환비용을 강화(자사고객의 유지)하는 것이다. 반대로 경쟁사 고객을 유치하기 위해서는 고객의 전환비용을 낮추어 거래처 전환의 정당성을 제공해 주어야 한다. 고객이 충성도를 보이는 최고의 공급사는 자신들의 비즈니스를 성공시켜주거나, 자신들의 목표를 효과적이고 효율적으로 달성가능하도록 도와주는 기업이다. 다음의 몇 가지 아이디어를 활용해 보기 바란다.

① 이동통신사 대상의 영업
    i 이동통신사를 대상으로 영업할 때 고객을 습관화시키거나 이탈의 전환비용을 낮춘다. 이를 위해
        i. 고객의 구매 핵심가치를 유지
        ii. 고객의 사용상의 위험과 비용을 제거
        iii. 구매를 쉽게하도록 업무지원 및 영업 시스템 개선
        iv. 고객이 더 많이, 더 자주 사용하도록 기능 확장
        v. 고객의 총 구매비용 절감 아이디어 제안
        vi. 이동통신사의 비즈니스 프로젝트에 공동으로 참여한다. 이를 위해서는 고객의 니즈 발견 단계부터 영업이 개입을 해야 한다.
        vii. 핵심기능 외 고객이 원하는 것을 파악해 제안을 한다.
        viii. 이동통신사가 가격에 대한 부담을 갖는다면, 서비스 계약과 사용료 조건으로 거래조건을 바꾸어 제안한다.
        ix. 이제까지 비즈니스 주체가 시공사가 되어 이동통신사와 계약을 해왔다면, 지금부터는 H기업이 주체가 되어 이동통신

사를 대상으로 영업을 하고 시공사를 협력업체로 만든다.

② 시공사-다양한 이동통신사를 공략할 수 있는 기회를 공동으로 만든다.

　i. 시공 후 작동 만족을 통해 이동통신사가 자사를 선택하도록 한다. 이는 강력한 넛지가 되어 고객(시공사)의 이탈을 막을 수 있다.

　ii. 시공사와 공동으로 협력해 프로젝트를 제안하고 실행한다. 시공사의 제안 경쟁력을 향상시키는데 공동으로 참여를 한다.

영업 활동에 활용할 Action Idea

78개 현장사례에서 배우는 Sales Leadership
영업실무자가 묻고 세일즈마스터가 답하다

세일즈 리더십: 시장과 고객과 소통하는 CEO가 성공의 기회를 잡는다

CEO의 의사결정은 현장 즉 시장과 고객에 기반을 둔 의사결정이 되어야 비즈니스의 기회를 확장할 수 있다. 고객의 문제해결을 위한 영업실무자들의 아이디어(에어버스 사의 항공기 조정실 표준화, 그레이프 사의 정보공유 포장용기 개발, 유럽 보사드 사의 윤활처리 나사못 개발 등)를 성공적인 비즈니스 기회로 만든 의사결정에는 CEO의 현장감각이 작용하였기 때문이다.

B2B고객이 바라는 것은 공급사의 제안이 자신들의 비즈니스 목표달성과 비즈니스 기회를 확장할 수 있는 혁신적인 제안(비용절감의 기회 혹은 새로운 가치 개발 및 경쟁력 강화)이 되기를 바란다. 이러한 고객의 필요를 발견하기 위해서 CEO는 고객들과 소통하고 고객들의 평가를 듣고, 그들이 어떻게 구매를 하고 사용하는지, 그리고 사용하는 과정에서 경험하는 불편함과 위험이 무엇인지를 현장에서 직접 들어야 한다.

CEO가 영업활동을 하면 좋은 점으로 첫째, 고객사의 구매실무자 및 구매관계자들은 영업실무자들에게 사용하던 테크닉 구매를 사용하지 않는다. 이유는 CEO는 의사결정력이 있기 때문에 자신들의 솔직한 요구를 이야기할 가능성이 높다. 둘째, 고객사의 의사결정권자를 만날 수 있다는 것이다. 고객사의 의사결정권자를 만난다는 것은 현재 진행 중인 영업의 구매결정에 영향력을 발휘할 수 있다는 것과, 미래 비즈니스 파트너로서의 기회를 만들 수 있다는 것이다. 영업실무자들은 늘 현재의 영업에만 집중할 수밖에 없다. 결론적으로 CEO가 영업현장을 알아야 현재의 영업성공을 위한 필요한 지원을 가능하게 할 뿐 아니라, 미래의 영업을 위한 기회를 발견할 수 있다.

영업조직과의 단순한 소통으로 CEO가 이러한 새로운 영업의 기회를 확보하는 데는 한계가 있다. 영업조직 혹은 영업실무자와 영업관리자가 고객을 위한 솔루션을 개발하기 위해 경쟁사와 협력을 해야 한다는 의견을 개진하기는 어렵다. 이는 기업의 문화와 CEO의 리더십과도 관계되는 문제이다. 하지만 CEO가 현장과의 소통을 통해 이러한 해결책이 필요하다는 것을 발견한다면 상황은 달라진다. CEO가 이끄는 조직이 이러한 내용의 커뮤니케이션이 원활하게 일어나는 조직이라면 다르겠지만 그렇지 않다면 CEO는 늘 비즈니스 현장 및 고객과 소통을 해야 한다.

° ° ° °
78개 현장사례에서 배우는 Sales Leadership
영업실무자가 묻고 세일즈마스터가 답하다

19

고객에게 추가가치를 제공하라

반도체 부품을 국내 대기업에 납품을 하는 영업실무자 F씨는 자사의 시장 점유율이 낮아지는 것에 대한 불안이 크다. 자사의 시장 점유율 추이는 다음의 그림과 같다.

시장 점유율 변화 사례

그림의 A사의 제품구성은 고급제품에서 중가제품, C사는 저가제품으로 구성되어 있다. 자사의 경우에는 중 고급 제품에서 저가제품으로 구성되어 있다. 시장의 흐름은 저가제품은 쇠퇴기이고, 자사는 중 고급과 고급시장을 진출하려 한다. 고객들은 A사를 선호하며, 자사는 A사 대비 품질은 낮고 가격은 비싼 편이다.

자사의 시장점유율 하락은 영업실무자에게 큰 부담이 됨과 동시에 새로

이런상황에서, 나라면....?

운 목표(고객확보, 고객발굴 등)를 달성해야 하는 과제를 준다. 경쟁사의 경쟁력과
시장의 트렌드는 위기가 되기도 하지만, 기회가 되기도 한다. 영업실무자
가 처한 위의 상황에서 영업의 성과달성을 위한 지침은 다음과 같다.

① 차별화를 위해 다양한 가치를 발굴해 고객에게 제안을 한다.
    i   가격 외 총 구매비용 지원
    ii 엔지니어 상주 외 다른 방법으로 기계관리
    iii 넛지 만들기
    iv 맞춤식 제안
    v   가치 사슬 초기단계 개입으로 선택의 가능성 올리기
    vi 제품 사용후 폐기할 때의 비용지원

vii 과잉설비—〉최적설비 등

② 단순한 영업의 역할에서 고객의 시장 공동개척_(자사 능력으로 지원가능한)

을 제안하는 영업으로 전환이 필요할 것 같다.

영업 활동에 활용할 Action Idea

세일즈 리더십: 고객과의 진정한 관계는 계약 후 부터이다

　영업실무자, 영업조직이 생각하는 고객관계와 고객이 생각하는 영업조직 또는 영업실무자와의 관계는 다르다. 2009년 맥킨지 조사에 따르면 고객이 가진 영업실무자 혹은 영업조직에 대한 불만 중 하나는 계약 후 관계관리의 소홀에 있다. 즉 계약을 하기 전에는 뻔질나게 연락을 하고 방문(고객불만의 35%)을 하던 영업실무자가 계약 후에는 연락이 잘 안되거나 필요할 때 필요한 도움을 주지 않는다는 것에 대한 불만이다.

　고객과의 진정한 관계는 계약 후에 발생한다. 계약을 받기 전에 영업조직과 영업실무자가 하는 모든 것은 계약을 받기 위한 수단과 방법에 지나지 않는다. 고객이 진짜로 원하는 것은 자신의 구매가치를 직접 확인하고 그 이익과 혜택을 지속적으로 누리는 것이다. 고객은 자신이 기대한 가치를 누릴 때 영업실무자와 영업조직에 대한 긍정적인 평가를 한다. 하지만 많은 영업조직과 영업실무자들은 계약 후의 고객관리에 소홀하다. 계약 전에는 하늘의 별도 달도 다 따준다는 말, 모든 문제가 다 해결된다는 말로 고객을 설득한다. 하지만 막상 계약을 받은 후에는 제품이 제대로 배송이 되는지? 설치는 되었는지? 고객이 원하는 기능과 혜택을 제대로 누리고 있는지에 대한 확인은 거의 하지 않는다. 기업들이 해피콜(happy call)을 한다고? 왜 해피콜이 고객을 행복하게 만들지 못할까?

　고객과의 진정한 관계를 구축하고 고객의 마음을 얻고자 한다면

　첫째, 고객의 구매결정 속성을 고객이 누리도록 해야 한다. 고객의 구매결정 속성은 제품과 서비스를 구매하는 고객이 바라는 가장 근본적인 가치이고, 기업이 고객을 설득하는 가치이다. 이 가치가 지켜지지 않으면 제품으로서의 존재감이 사라진다. 제품과 서비스를 구매한 고객이 이

결정 속성의 이익과 혜택, 편리함을 누리도록 지원해야 한다.

둘째, 더 자주 더 많이 사용하도록 도와주어야 한다. 대부분의 고객은 제품과 서비스의 모든 기능과 편리함을 모른다. 이를 하나하나 가르쳐 주어야 한다. 고객이 알아서 사용법을 습득하기를 기대하지 마라. 스스로 사용법을 학습하는 고객은 많지 않다. 고객이 구매한 제품과 서비스로 무엇을 할 수 있는지를 알면 제품과 서비스를 더 많이 자주 사용하게 될 것이고, 그렇게 되면 고객은 제품과 서비스에 습관화가 된다. 그 결과는 잘 알 것이다.

셋째, 고객이 가진 병행적인 욕구를 충족시켜주는 것이다. '같은 값이면 다홍치마'라는 말과 같다. 고객의 구매결정 속성 외 고객이 원하는 가치를 추가로 알려주는 것이다. 고객이 사용 중에 지불하게 되는 위험을 감소시키고, 비용을 줄여 주어야 한다. 이를 위해서는 고객이 언제 어떻게 제품과 서비스를 사용하는지를 알고 사용상의 불편함을 제거해주는 노력을 해야 한다. 고객이 궁금해 하는 것을 미리 알리는 것도 좋은 방법이 된다.

넷째, 고객의 구매 패턴을 파악하고 구매상의 편리함을 제공하는 것이다. 고객은 구매과정에서 발생하는 비용(시간, 노력, 경제적 비용 등)을 지불하고 싶어 하지 않는다. 고객은 필요할 때 필요한 것을 쉽고 간편하게 구매하고 싶어 한다. 고객의 구매과정의 차별화 역시 새로운 경쟁력이 될 수 있다.

고객은 자신의 기대이익을 충족시켜주는 영업조직과 영업실무자를 배신하지 않는다. 고객과의 진정한 관계는 계약 전의 관계가 아니라 계약 후에 결정된다. 제품과 서비스를 구매한 고객이 실망감을 갖지 않도록 계약 후 혹은 구매 후 고객관리에 집중한다면 고객은 떠나가지 않을 것이다.

20

영업의 패러다임을 바꿔라

저는 현재 경남지역 K바이오 자돈사료(갓난 돼지)를 판매하는 사료영 업직에 일을 하고 있습니다. 자돈사료는 갓 태어난 돼지가 어미젖을 떼고 처음 사료를 먹으면서 그 사료에 적응되는 시점에 먹이는 사 료로 약 21일령부터 70일령까지 먹이는 사료를 뜻하며 돼지일생에 서 먹는 사료량의 약 4% 정도를 차지합니다.

비율로 보면 알 수 있겠지만 굉장히 적은 부분을 차지합니다. 그래서 회사에서는 비율도 낮고 금액도 적기 때문에 고객 역시 쉽게 사료를 바꿀 수 있는 부분이고 쉽게 말해 발품 장사라고 표현을 합니다.

하지만 저는 이 부분 때문에 더 어렵게 느껴집니다. 이미 제가 가는 농장은 모두 기존 거래처로부터 사료를 쓰고 있습니다. 그 중에는 출하 때문에 큰 사료회사와 묶여 있는 곳도 있고, 조합원이라서 조 합사료를 쓰는 곳 아니면 위에 말한 다른 회사에서 발품 팔아서 쓰 게 된 곳으로 나눠질 수 있을 것입니다.

78개 현장사례에서 배우는 Sales Leadership
영업실무자가 묻고 세일즈마스터가 답하다

그럼 여기서 제가 쉽게 노릴 수 있는 곳은 3번째 뿐인데 여기서 저는 고민이 엄청 많아집니다. 저는 사람 만나는 것도 좋아하고 대화를 이끌고 듣는 것 그리고 앞에서 발표하는 것도 모두 잘한다고 생각합니다. 하지만 이런 부분은 가면을 쓴다고 표현해야 되나, 실제로는 굉장히 힘들고 떨리기도 합니다.

그렇다 보니 필드에 직접 나와 혼자서 농장을 방문하는데 어려움이 많습니다. 항상 농장에 들어가 당당히 인사하는 모습을 상상하지만 실제로는 농장 앞에서 기다리다가 그냥 놀아오는 경우가 대부분입니다. 근데 또 신기한 점은 농장 안에서 사람을 만나면 이야기를 잘한다는 점입니다.

이렇다 보니 한 달간 농장을 방문하면서 사람을 만나고 오랜 시간 이야기를 나눈 집이 몇 군데 안 됩니다. '이래서 언제 친해지고 언제 발품을 팔아 회사에 도움이 될 수 있을까?', '그냥 내가 찾아가는 게 피해를 주는 게 아닐까?', '혹시 농장 가서 실수하면 어떡하지?' 이런 안 좋은 생각도 많아지고 자신감도 점점 줄어드는 것 같습니다. 사람을 직접 만나고 대화하면 말도 잘하고 훨씬 나아지는데 그 만나는 과정까지 가기가 너무 힘듭니다.

이런상황에서, 나라면....?

① 영업환경-3가지 부류의 고객들은 현재 그 고객들이 과거부터 지금까지의 구매관습이라 생각하시고, 영업의 기회가 없다고 포기하지 않기를 바랍니다. 1,2번의 상황에 있는 고객도 지금의 상황을 벗어나, 더 나은 공급업체를 찾고 있을 수도 있으니까 설령 고객이 반대하거나 힘들어 하더라도 만나 보시기 바랍니다.

② 영업은 상품을 판매하는 것이 아니고 고객의 문제를 발굴해 해결안을 제안함으로써 고객이 선택하도록 하는 것임을 기억할 것입니다. 자사 상품과 서비스의 차별점(사용함으로써 고객이 얻는 이익-예를 들어 성장기간을 단축하는 등)을 발굴해 고객에게 제안하시기 바랍니다. 물론 제안을 할 때는 구체적인 사례와 숫자로 표현된 성과가 필요하지요. 그 다음은 고객이 선택하는 것이라 생각을 하고, 고객이 자사를 선택하였을 때 얻을 수 있는 이익과 혜택을 명확하게 전달하시기 바랍니다.

③ 고객을 방문하고 상담을 하는 것에 대한 어려움인데, 저 역시 처음 영업을 할 때의 상황이 생각나는 군요. 본인이 대화를 잘 하는 장점을 갖고 있는 것을 잘 활용해 보시기 바랍니다. 고객의 거절, 거부에 너무 신경 쓰지 않았으면 좋겠네요. 고객의 부정적인 반응은 늘 있는 것이라고 생각하고, 상처를 받지 마시기 바랍니다. 중요한 것은 태호씨가 고객에게 제안하는 내용이 고객이 더 많은 돈을 벌 수 있는 방법이거나, 비용을 줄이거나 돼지의 사육시간을 단축 하는 등의 이익만 반복적으로 전달하는 것이 아닙니다. 강의에서도 강조하였듯이 고객은 자신에게 이익이 되면 구매결정을 합니다. 따라서 매번 고객을 만나러 갈 때 그 고객에게 도움이 되는 정보와 지식을 알려주러 간다는 생각으로 방문을 하시기 바랍니다. 고객의 흥미와 관심

을 끌 수 있는 매력적인 메시지 혹은 자료를 준비해 과감히 제안하시기 바랍니다. 모든 것은 고객이 결정을 하고, 고객이 어떠한 결정을 할 지 모르니, 고객의 반응과 결정 내용을 미리 짐작하지 말고 가치를 제안하는데 집중하면 좋겠습니다.

영업 활동에 활용할 Action Idea

21

—

개인의 니즈를 살펴라

저는 KH사 대표 김00 입니다. 최근에 고객과의 금액 협상에서 밀고 당기다가 문제가 생긴 경험이 있습니다. 요구 수준으로 금액을 깎아주지 않는다고 고객사를 방문했는데 악수까지 피하고 그 이후로 나의 방문을 피하고 있습니다.

물론 수주는 받았는데 답답하더라고요.

나이도 어린 친구가, 대표인 내가 방문을 해서 악수를 청했는데 손을 피하는 모습에서 많이 화가 났지만 참아 주기는 했는데, 그 이후로는 내가 방문을 하면 자리를 떠납니다. 직급이 차장이라서 그 회사의 대표이사나 담당 부장과는 만나고 있는데 그 친구는 도망갑니다. 문자도 보내서 그만 화를 풀어라 하고 달래도 보았는데 답장도 없고요.

총괄부장에게 상황 설명을 했는데 버릇없는 그 친구의 행동에 대하여 사과를 하더군요.

78개 현장사례에서 배우는 Sales Leadership
영업실무자가 묻고 세일즈마스터가 답하다

① 일단 그분이 내부에서 어떤 압박을 받고 있을 수도 있을 것입니다.

② 지나치게 대표님께서 그분에게 문자를 보내는 등의 행동을 자제하는 것이 좋을 듯합니다. 시간적인 여유를 갖고 혹은 약간은 냉각기를 가질 필요가 있지 않을까요?

③ 다른 부서 혹은 다른 사람들을 통해 그분의 요구사항, 업무스타일 혹은 개인적인 성격을 파악해 보시기 바랍니다.

④ 뭔가 다른 기대 혹은 욕구를 갖고 있을 수도 있겠네요.

⑤ 비즈니스 과정 중에 혹시 실수나 그분의 기분을 상하게 한 것은 없는지 살펴보시기 바랍니다.

⑥ 그분의 상사를 통해 사과를 받으셨으나 이 부분은 그분이 알지 못하도록 하시는 것이 좋을 듯합니다.

⑦ 다음 거래에서도 그분이 중요한 역할을 할 수도 있으니 관계개선을 위한 노력을 하는 것을 보여주시는 것도 좋을 듯 하고요, 다른 분들을 통해 그 사실을 알도록 하는 것도 좋을 듯합니다.

결론은 약간의 냉각기를 갖되 지나치게 애쓰시는 모습은 조금 자제를 하시는 것이 어떨까 합니다. 그리고 이제까지의 관계들과 그분의 일하는 스타일을 잘 살펴보셔서 관계개선을 재 시도해 보시기 바랍니다.

영업 활동에 활용할 Action Idea

22

고객이 만나주지 않는다

바이오 제품과 시약, 진단기기 등을 제약사에 영업을 하는데 구매부에서 만나주지를 않고 있습니다. 그래서 우회로 거래업체 담당자 만나서 이야기를 하거나, 경비한테 브로슈어 전달 및 명함 전달을 부탁하기 등을 하고 있는데, 갈 때 마다 바쁘다고 안 만나 줍니다. 다른 제약회사 아는 분을 통해서 접근해도 만날 기회를 주지 않습니다.

이런상황에서, 나라면....?

① 구매부가 만나주지 않은 원인을 고객사 다른 부서(사용부서)를 통해 확인해 보시기 바랍니다.

② 이미 다른 경쟁사와 거래를 하고 있는지 확인, 있다면 관계분석, 거래내용 분석으로 틈새를 발견해 보세요.

③ 첫 거래라면, 구매부를 제외하고 만날 수 있다면 실무부서를 지속적으로 만나고 있으면 좋을 듯합니다.

④ 자사에 대한 감정 확인-이전의 경험, 소문 등을 확인해 고객의 의심이나 오해를 풀어주는 노력을 하세요.

⑤ 구매계획이 없을 수도 있거나, 뭔가 다른 원인이 있을 지 확인하기 위해 다양한 루트를 활용해 보시기 바랍니다.

⑥ 소개를 받을 수 있는지 확인해 보세요.

⑦ 외부에서 만날 기회-세미나, 전시회, 모임 등을 활용해 보세요.

⑧ 고객사 내부의 자사에 대한 인지도, 이미지를 확인해 적절한 대응을 할 필요가 있을 것입니다.

⑨ 구매 업무가 구매부 소관이 아닐 수도 있으므로 실무자를 파악해 보세요.

⑩ 자사 내부 구매관계자들의 네트워크를 확인해서 고객을 공략할 수 있는 기회확보를 확보하는 전술이 필요할 듯합니다.

⑪ 고객사의 경영전략, 비전 등으로 구매의 가치가 낮거나 우선순위가 낮을 수도 있으므로 이 내용을 파악하는 것이 필요하겠네요.

⑫ 좀 더 인내하면서 고객이 기억이 되도록 하는 노력을 하는 것도 좋을 것 같습니다. 혹은 지금까지와는 달리 방문하거나 연락을 뜸하게 하는 것도...

⑬ 담당자가 바뀔 때까지 기다리는 것도 고려해 봄이 어떨까요?

⑭ 고객사 내부 직원 중 구매관계자에게 귀하에 대한 긍정적인 소문
이나 이야기를 전달해 줄 수 있는 지원군을 만들어 활용해보세요.
때로는 경비를 보는 분이 훌륭한 지원군이 될 수도 있습니다.

영업 활동에 활용할 Action Idea

세일즈 리더십: 고객의 비즈니스 파트너가 되는 CEO

CEO가 영업을 하면 다음과 같은 유리한 점이 있다.

① 고객이 가진 문제와 니즈를 신속하게 파악할 수 있다. 이를 통해 고객이 원하는 솔루션을 제안할 기회를 확보할 가능성이 높아진다. 고객입장에서 공급사의 영업실무자와 상담을 하는 것보다 공급사의 CEO와 상담을 할 때 자신의 상황과 필요에 대해 더 솔직한 이야기를 할 가능성이 높다.

② 협상지연으로 인한 계약상실의 위험을 방지하고 이익을 확보할 수 있다. CEO가 직접 협상에 임함으로써 영업실무자가 가진 권한의 한계로 협상이 잘 진행되지 않아서 발생할 수 있는 고객이탈과 고객전환을 막을 수 있다. 그리고 영업실무자의 조건 영업(가격중심 영업)을 방지할 수도 있다.

③ 고객의 비즈니스 파트너로서의 능력과 의지를 보여줄 수 있다. 고객이 기대하는 매출향상과 비용절감 그리고 새로운 기회를 제공할 수 있기 때문이다. CEO는 고객의 비즈니스 성공을 위한 솔루션을 개발이 필요할 때, 외부의 다른 기업 특히 경쟁사와도 협력을 하는 의사결정을 보여줌으로써 고객의 비즈니스 파트너로서 인정받을 수 있기 때문이다.

④ 조직을 영업중심 조직(돈을 버는 조직)으로 만들 수 있다. 미래 기업의 성공을 결정짓는 것은 영업력이 된다. B2B영업에서 고객이 영업실무자에게 요구하는 것의 대부분은 조직 내 다른 부서와의 협조와 정보공유가 필요한 경우가 많다. CEO가 영업활동을 통해 고객의 요구를 정확하게 파악함으로써 구호로만 주장하지 않고 행동으로

보여주는 고객을 위한 영업조직으로 조직을 바꿀 수 있다.

⑤ 영업의 맥을 알고 영업 진척도 및 영업 성과관리를 할 수 있다. 잘 갖추어진 영업 진척도는 영업활동 관리와 영업성과 예측 및 영업 활동 기획에 유용한 정보를 제공한다. B2B영업은 영업실무자 개인 의 역량에 의존해서는 안 된다.

⑥ 자사와 자사 상품과 서비스에 대한 시장의 반응과 고객들의 평가 등 자사와 자사 상품의 브랜드 가치를 확인하고 브랜드 가치 강화 를 위한 전략수립을 할 수 있다. 이런 전략결정을 위한 의사결정은 CEO만이 할 수 있고, 이러한 영업활동을 통해 새로운 가치 개발의 기회를 확보할 수 있다. 제품과 서비스의 가치는 사용되는 현장에 있다. 제품과 서비스의 가치 강화는 더 많은 매출과 이익을 보장해 준다. 하지만 대부분의 영업실무자는 현시점에서 자사 제품에 대한 고객의 불편함 들을 해결하는데 급급하다. 이렇다 보니 자사 제품 과 관련 문제해결과 가치강화의 기회를 발견하고도 여러 가지 이 유로 조직에 보고하지 않는다. 하지만 CEO가 영업활동을 통해 이 기회를 발견한다면 미래 더 많은 성과창출을 위한 기회를 활용할 수 있다.

 **TRIZ를 활용한 창의적인 영업문제 해결**

　영업실무자가 영업현장에서 부딪치는 문제는 쉽게 해결책을 얻을 수
있는 것도 있지만, 해결책을 모색하기 어렵거나 힘든 문제, 때로는 조직
의 내부관계자들과 함께 고민을 해야 하는 문제도 있다. 영업실무자의
문제해결 능력은 조직내부에도 영향을 미치지만, 고객에게도 영향을 미
친다. 여기서는 영업실무자가 영업활동을 하면서 활용할 수 있는 창의적
인 문제해결 기법인 TRIZ를 활용하는 기법을 간략하게 정리하였다.

　TRIZ를 간단히 설명하면 다음의 그림과 같다.

트리즈를 활용한 영업문제의 창의적 해결

'TRIZ'– 러시아의 겐리히 알츠슐러(Genrich Altshuller)가 개발한 '창의적 문제해결을 위한 이론'

창의적 문제해결 정의
기술시스템의 발전법칙
발명의 원리
문제유형별 해결원리

비즈니스 트리즈

특허분석–200만건

40가지
발명원리

35가지
파라미터

조직
영업사원

4단계

TRIZ를 활용한 영업문제의 창의적 해결

　TRIZ를 활용한 문제해결 프로세스와 결과는 다음과 같다.

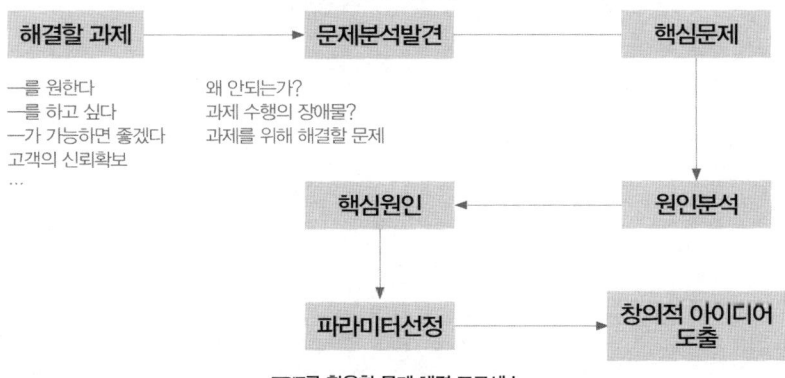

문제해결프로세스

해결할 과제 → 문제분석발견 → 핵심문제

—를 원한다 　　　왜 안되는가?
—를 하고 싶다 　　과제 수행의 장애물?
—가 가능하면 좋겠다　과제를 위해 해결할 문제
고객의 신뢰확보
…

핵심원인 ← 원인분석

파라미터선정 → 창의적 아이디어 도출

TRIZ를 활용한 문제 해결 프로세스

트리즈를 활용한 영업문제의 창의적 해결

과제　　　　　　　　핵심문제　신규고객창출부족

매출증대　　　　　핵심원인　**경쟁사 증가**

문제해결과 원인제거
→ 비즈니스 변수
　고객판촉
　공급리스크

25-셀프서비스: 고객이 스스로 흥미를 갖도록:판촉 강화, 전시회 참가 등
2-추출: 목표고객 선정에 신중을 기한다, 고객수준별 대응(기존, 신규)
10-사전조치: 조기영업-영업기회확장, 조기 접근을 통해 신규고객을
　　　확보
6-다용도: 사용기회 확대, 사용처 확장, SNS활용, 기존고객:유지, 확대.
　　　상승, 교차판매
29-유동성: 구매총비용지원-다양한 니즈 충족, 교차기능-고객대응력
　　　증진…

TRIZ를 활용한 문제 해결 결과

　　여기서는 창의적인 문제해결기법인 TRIZ를 간단히 소개했다. 자세한 내용은
〈한국HDR교육〉의 〈영업, 트리즈를 만나다〉(http://hrdmaster.co.kr/pc/view.html?q=1611230001)
교육에서 확인할 수 있다. 강의나 워크숍을 원한다면 필자에게 연락해도 된다.

○ ○ ○ ○ ○

아래에서는 영업실무자들이 영업활동을 하는 현장에서 겪는 고민과 그에 대한 대응방법을 정리하였다. 각 고민들은 시장의 트렌드 변화, 고객의 구매 패턴과 전략의 변화 및 이에 대한 이해부족, 경쟁사의 존재와 치열한 경쟁, 불경기, 글로벌화된 경제 등과 영업조직 내부의 시스템 부족, 영업실무자들의 경험부족에서 야기되는 것들 등 다양하게 발생한다.

이러한 고민들이 영업을 힘들게는 하지만 영업을 하지 못하게 하는 절대적인 방해물은 아니다. 영업이 매력있는 업무인 이유 중 하나가 현장에서 겪는 어려움을 극복하고 계약을 받는 성취감을 가질 수 있기 때문이다. 간혹 이러한 어려움과 난관이 없는 영업이 있기는 하지만, 대부분의 영업은 반드시 극복해야 하는 어려움이 있다. 사실 어려움은 도전이기는 하지만 문제가 되지는 않는다. 이유로는 모든 어려움에는 해결책이 있기 때문이다.

상황별로 제안되는 지침과 방법들을 기반으로 통찰력(insight)을 발휘해 자신의 영업상황과 고객의 구매 패턴과 전략들에 맞는 해결방법을 얻기를 바란다.

영업실무자들의
고민 23가지와 해결방법

○ ○ ○ ○

역경은 우리에게 성장할 기회를 준다.
그리고 우리는 항상 얻고자 노력하는 것을 얻는다.
우리에게 문제가 생겨도 그것을 극복한다면 그만큼 성장하는 것이며
이리한 우수한 자질이 성공을 가져다 준다.

– 짐 C. 콜린스, 제리 I. 포라스 〈Built to Last〉

1

협상이 어렵다.

① 권한을 가진 실무자를 만나기가 어렵다.

  i. 고객과 협상을 한다는 것은 고객이 구매하고자 하는 '제품과 서비스'의 품질과 그 가치에 대해서는 합의가 되었다는 것이다.

  ii. 협상 테이블에 앉아있는 파트너의 협상권한을 확인하라.

  iii. 견적서를 제안하였는데 담당자를 만날 수 없다면, 거래의 가능성이 낮아진다. 신속하게 대안을 마련하여야 한다.

② 상황파악이 어렵다.

  i. 고객의 상황파악이 어려운 이유는 대화기법과 관련되어 있다.

  ii. 상대의 상황을 파악하고 싶으면 말을 많이 하지 말고, 상대의 말을 들어야 한다.

  iii. 적절한 질문을 활용해 상대가 많은 이야기를 하도록 해야 한다.

  iv. 상대방의 표현 이면에 숨겨진 의도와 의미를 파악하는 노력을 해야 한다.

  v. 협상 테이블에서 고객의 모든 상황을 파악하려 하지 말고, 사전에 고객의 상황을 파악하는 노력을 하라.

  vi. 고객과 대화를 하는 모든 내용을 기록하고 메모를 해 놓으면 나중에 고객의 상황을 파악하는데 유용하다.

③ 해외 영업-커뮤니케이션의 한계: 언어, 수단, 시간...

  i. 국가 간, 문화 간의 차이를 이해하라.

  ii. 이메일, 스카이프 등의 SNS기술을 활용하라.

  iii. 사전에 시간 등에 대한 합의를 한 후 커뮤니케이션을 하라.

  iv. 언어적인 한계극복에 노력을 하라.

④ 고객의 납기 단축요구에 대응하기

  i. 고객의 모든 요구에는 협상의 여지가 있다. 고객의 협상여지를 파악하고 적절하게 대응하라.

  ii. 협상전략 중 가장 유용한 전략은 교환(give & take)전략이다. 협상의 파이를 키우기 위해 다양한 거래조건을 활용하라.

  iii. 덤 얻기 또는 양보를 요구하라.

  iv. 내부 관련부서와의 원활한 커뮤니케이션을 통해 사전에 충분한 대비를 하라.

  v. 고객의 긴급발주를 새로운 영업의 기회로 활용하라.

2

고객과 상담이 어렵다.

① 나이와 직급이 차이에 의한 공감대 형성이 어렵다.

   i. 고객과의 대화 목적은 공감대 형성과 신뢰구축이다.

   ii. 공감대 형성은 다음 만남을 위한 기회를 제공해 준다.

   iii. 상대의 관심사 중심으로 대화를 하고, 관심을 기울여야 한다.

   iv. 말하기 보다는 듣기에 집중하라.

   v. 사소한 공감대도 좋다. 다양한 스몰톡(Small Talk)으로 대화를 주
도하면서 공통의 이야기거리를 발견하라.

② 고객이 무리한 요구를 할 때

   i. 고객의 무리한 요구는 영업실무자의 능력을 확인하고자 하는
의도가 깔려 있다.

   ii. 고객이 무리한 요구를 하는 것은 이제까지의 경험에서 대부분
성공을 하였기 때문이다.

iii. 인내하고 인내하라.

iv. 고객의 요구에 상응하는 것을 요구하라.

v. 스스로 해결하려 하지 말고, 조직과 상사 핑계를 대거나, 엄살을 피우면서 고객의 반응을 살펴라.

vi. 인정하고, 이면을 파악하면서 미끼를 던져 고객이 고민하게 하라.

vii. 고객의 패에 따라 적절한 패를 활용하라.

③ 고객이 침묵을 지킬 때

i. 침묵도 커뮤니케이션 기술이다.

ii. 고객의 침묵에 당황하지 말고 여유를 가져라.

iii. 고객의 침묵은 고객이 생각할 시간을 달라는 신호이다.

iv. 긴 침묵은 위험하다. 적절한 질문으로 상대가 자신의 생각을 표현하도록 기회를 제공하라.

v. 침묵에 대비해 다양한 대화의 소재를 준비하라.

vi. 침묵을 깨는 대화기술을 개발하라―"충분히 고려를 하신 것으로 보여집니다. 혹 어떤 결론을 내리셨는지요?"

④ 내부협의가 필요한 사항을 요구할 때

i. 내부협의를 적극적으로 활용하라.

ii. 내부협의를 핑계로 다시 만날 것을 약속하면서 자리에서 일어나라.

iii. 고객도 내부협의를 할 수 있도록 역제안을 하라.

iv. 내부협의를 위한 시간을 요구하는 것은 영업실무자의 무능을 나타내는 것이 아니다. 무리하게 그 자리에서 약속을 하거나 답을 하지 마라.

⑤ 내가 모르는 것을 고객이 물어볼 때

   i. 영업실무자도 모든 것을 알 수 없다.

   ii. 정중하게 사과를 하고 답을 위한 시간을 요청하라.

   iii.고객의 질문이 가진 중요성을 파악하라. 그리고 그 이면도 파악하라.

   iv.무리하게 아는 체 하는 것은 오히려 위험하므로, 지식을 자랑하거나 잘난 체 하지 마라.

   v. 새로운 것을 일깨워준 것에 감사를 하면서, 고객에게 기르처 달라고 요청하라.

⑥ 가격을 깎아 달라고 할 때

   i. 고객의 가장 상투적인 요구이다.

   ii. 고객의 요구수준을 명확히 파악하고 협상가능 범위(ZOPA)를 파악하라.

   iii.가격 요구에 상응하는 다른 조건의 양보를 요구하라.

   iv.가격을 깎아 달라는 요구에 대응하기 전에 거래의 가능성을 먼저 파악하라.

   v. 업계의 관례, 회사 규정, 희소성, 시간적 한계 등을 활용해 적절하게 대응하라.

   vi.오늘 당장 결정을 해야 하는지를 확인하고, 다시 만날 약속을 하라.

   vii.고객의 요구를 모두 수용하는 것이 영업실무자의 역할이 아니다. 고객 역시 이러한 영업실무자를 가볍게(쉬운 대상) 본다.

⑦ 우리가 할 수 없는 것을 요구할 때

   i. 요구의 중요성과 이유를 파악하라.

   ii. 고객이 솔루션을 원하는 요구라면 솔루션 개발을 위한 시간을 요청하라.

   iii. 당장 답을 할 수 없다면 내부협의를 위한 시간을 요청하라.

   iv. 내부역량으로 해결할 수도 있으므로, 불가능하다고 단정 짓지 말고 내부에 보고하라.

   v. 지금은 어렵지만 미래에 역량이 되면 솔루션을 제안하겠다고 하면서 좋은 관계유지를 지속하라.

⑧ 고객이 자신의 정보는 알려주지 않으면서 개인적인 것에만 관심을 가질 때

   i. 고객의 구매관련 정보를 파악하라. 아직 구매계획이 없거나, 구매시기가 아닐 수도 있다.

   ii. 충분한 니즈가 있고, 영업의 기회가 있는 고객이라면 인간관계 구축에 집중하라.

   iii. 고객의 성격유형일 수도 있다. 유연하고 가볍게 대응하라.

   iv. 무리하게 고객을 영업상담으로 이끌지 마라. 고객입장에서는 아직 아무 것도 준비가 되어 있지 않을 수 있다.

   v. 고객의 권한과 역할을 파악하라.

   vi. 고객이 고민/검토할 내용을 제안하면서 고객을 자연스레 영업 상담으로 유도하거나, 헤어질 때 메시지로 사용하라.

3

대화를 이끌어 가기가 어렵다.

① 대화, 고객과의 대화는 주고받는 것이다.

② 대화를 이끄는 것은 말을 많이 하는 것이 아니다.

③ 고객과의 상담과 대화 상황에 대한 시나리오를 준비해 활용하라.

④ 7:3 법칙으로 대화를 이끌어라. 7할은 고객이 이야기 하도록 하고, 영업실무자는 3할정도 이야기를 하도록 하라.

⑤ 적절한 질문을(탐색질문, 분석질문) 활용해 상대가 많은 이야기를 하도록 도와줘라.

⑥ 영업실무자의 조급증이 그 원인이 된다. 영업의 결과는 고객의 필요에 의해 결정되므로 여유를 갖고 고객과 상담과 대화를 하라.

⑦ 다양한 대화의 소재, 혹은 고객이 관심을 갖고 있는 것을 대화의 소재로 활용하라.

⑧ 언어적인 경청기법(메모, eye contact, 끼어들지 않기)를 활용하라.

⑨ 대화의 중심에 고객을 두고, 고객의 관심사에 대해 이야기하고, 고객이 이야기를 할 때는 적절한 반응을 보여야 한다. (공감표현, 요청, 요약 등의 방법을 활용)

4

경쟁사에 대한 정보파악이 어렵다.

① 경쟁사에 대한 정보는 차별화된 가치 제안을 위해 중요하다. 영업
실무자와 상담을 하는 고객 역시 경쟁사에 대해 이야기를 잘 해주
지 않는다. 고객이 경쟁사에 대한 정보를 제공하는 것은 곧 나에
대한 정보 역시 공개된다는 것이다. 다음의 방법으로 경쟁사에 대
한 정보를 수집하라.

  i. 경쟁사가 거래하고 있는 고객과의 거래내역

  ii. 고객사의 영업실무자를 통해

  iii. 경쟁사의 협력업체-물류, 배송업체를 활용

  iv. 해외-포워딩 업체

  v. 경쟁사의 주 거래 은행 등

  vi. 원자재 납품업체, 등 고객의 기존 공급사 또는 협력사

② 기타 경쟁사의 홈페이지, 산업구조분석자료, 경쟁사의 SNS 등을
활용해 경쟁사에 대한 정보를 수집할 수 있다.

5

고객이 자신에게
어떤 이익이 있는지를 모른다.

① 고객이 가치를 인식하지 못하면 거래가 일어나지 않는다.

② 고객을 가르쳐라. 때로는 고객이 가치를 인식하도록 가르치거나 사용법 등을 알려 주어야 한다.

③ 숫자, 근거, 사례 등으로 메시지를 구체화하고 명확하게 전달하라.

④ 상품의 스펙과 기능 중심의 설명을 가치 중심의 설명으로 바꿔라.

⑤ 구매 프로세스에서 고객의 역할에 맞는 메시지를 전달하라.

   i. 구매담당자에게는 총 구매비용과 관련된 메시지

   ii. 사용자에게는 사용 상황과 업무에서의 편리함과 이익

   iii. 의사결정권자에게는 투자효율성, 구매의 전체적인 이익

⑥ 쇼맨십(showmanship), 마인드 픽쳐(mind picture)의 방법을 활용하라.

⑦ 고객이 얻는 이익을 상상하도록 하라.

⑧ 고객의 관심과 흥미를 끌 수 있는 강력한 메시지를 개발–활용하라.

⑨ 가치를 전달하는 방법과 메시지를 바꿔라.

6

대응하기 어려운 고객이 있다.

① 사전 지식이 없는 고객

    i. 충분한 자료를 제공하라.

    ii. 다양한 영업도구를 활용해 정보와 지식을 제공하라.

    iii. 기다려라. 고객이 지식을 쌓을 때까지

② 미수채권이 있는 업체

    i. 회사의 정책을 강조하라.

    ii. 다음 거래를 위한 조건을 명확하게 하라.

    iii. 매몰비용에 빠지지 마라.

    iv. 불량고객일 경우에는 스스로 떠나가게 하라.

    v. 조직과 함께 대응하라. 영업실무자 스스로 짐을 떠안지 마라.

③ 잘 모르는 제품에 대한 전문지식을 물을 때

78개 현장사례에서 배우는 Sales Leadership
영업실무자가 묻고 세일즈마스터가 답하다

i. 고객의 구매상황을 파악해 적절하게 대응하라.

ii. 내부 전문가의 도움을 받아라.

iii. 어설프게 대답함으로써 영업의 기회를 놓치지 마라.

iv. 고객의 질문을 정리하고 그에 맞는 지식을 습득하라.

④ 반품, 환불고객

i. 원인과 이유를 확인하라.

ii. 신속한 대응으로 고객의 불만으로 선이되는 것을 방지하라.

iii. 고객의 진짜 니즈가 무엇인지를 파악하라.

iv. 고객의 무리한 구매였다면, 다음 거래를 위한 정보를 충분히 제공하라.

v. 영업의 무리한 판매에 원인이 있다면, 해결을 해 준 후 영업의 패턴을 바꿔야 한다.

⑤ 무조건 우기는 고객

i. 고객과 논쟁하지 마라. 설사 논쟁에서 이기겠지만, 고객이 떠난다.

ii. 가격을 깎아 달라고 우기는 경우에는 적절한 협상의 기술과 전략을 활용하라.

iii. 고객의 오해와 의심에 의한 우기기라면 고객의 오해와 의심을 고객의 니즈로 전환하는 기술을 활용하라.

iv. 고객의 '갑질'이라면 인내하고 인내하면서 고객의 요구를 명확하게 파악하라.

v. 고객이 지식의 자랑이라면, 고객의 말을 인정하고 반박을 하지 마라. 고객 스스로 결정하도록 자료, 정보를 제공하라.

vi. 고객이 몰라서 우기는 것이라면, 고객이 충분히 이해할 수 있
    도록 도와주어라.

⑥ 사용자들이 바꾸려 하지 않는 것
  i. 사용자들이 거부를 하는 원인을 파악하라.
  ii. 새로운 제품의 구매는 지금까지 사용한 제품에 대한 습관을 바
      꾸는 것이다. 사용자 고객의 가장 큰 저항, 거부의 원인이 된다.
  iii. 고객이 습관을 바꾸어야 할 만큼의 가치를 명확하게 알려야 한다.
  iv. 구매비용 절감을 위한 구매인데, 사용자들이 거부를 한다면 그
      들이 새로운 제품에 익숙하도록 하는 방법을 제안하라.
  v. 사용상황, 사용자들의 사용상의 위험을 제거해 줘라.
  vi. 다양한 방법(무료사용 등)으로 사용의 기회를 제공하라.

7

고객의 요구에 맞는
제품을 제공하기 어렵다.

① 고객이 요구하는 가장 선호하는 공급사는 자신들의 무리한 요청에
　도 솔루션과 답을 제안해 주는 기업이다.

② 효과적인 영업할동을 통해 고객에게 영향력을 미칠 수 있는 세일
　즈 리더십을 확장하라. 고객을 위해 필요하다면 경쟁사와도 협력
　을 할 수 있음을 보여 줘라.

③ 외부의 기업, 기술과 협력을 하는데 주저하지 마라.

④ 무리한 요구를 하는 고객을 위해 희생을 하였다면 생색을 내라.

⑤ 고객과 공동으로 개발하는 프로젝트를 제안하라.

⑥ 고객을 유지하고자 한다면 경쟁사의 제품을 구매해서라도 요구를
　채워주라.

⑦ 다른 대안이 없다면 솔직하게 이야기 하고 포기하라. 자사의 역량
　으로 해결할 수 있을 때 다시 제안을 하겠다고 하면서 물러서라.

8

고객과의 개발 영업,
프로젝트 영업에서 관리가 어렵다.

① 프로젝트 영업은 단순한 제품 영업과는 다르다. 프로젝트의 지연
  은 영업의 기회를 상실할 뿐 아니라, 고비용이 소모된다.

② 고객과 협업을 할 때는 업무 프로세스를 사전에 충분한 협의를 통
  해 구축하라.

③ 영업실무자는 최고의 프로젝트 관리자가 되어야 한다. 프로젝트
  관리를 위한 업무 시스템을 구축하라.

④ 고객사와 자사 내부와의 긴밀한 소통의 기회와 수단을 확보하라.

⑤ 영업조직 영업실무자가 내부에서 프로젝트의 운영과 관리를 맡아
  라. 충분한 권한위임을 받아라.

⑥ 내부 관련부서와의 정보공유를 충분하게 하라.

⑦ 필요하다면 리더, 의사결정자를 프로젝트 미팅에 참여시켜라.

⑧ 프로젝트 영업을 위한 내부 업무시스템과 고객과의 업무추진 내용
  등에 대한 내부규정을 확립하라.

9

기존고객에게 더 많이 팔고 싶다.

① 다양한 교차판매, 상승판매, 추가판매의 기회를 활용하라.

② 기회차트를 활용해 놓치고 있는 영업의 기회를 확보하라.

③ 구매가치 사슬을 분석하여 영업의 접점을 확대하라.

④ 고객의 구매조건을 다양화하여 더 많은 기회를 만들어라.

⑤ 고객의 경영전략, 구매 프로세스를 지원하는 방법을 모색하라.

⑥ 고객의 구매점유율을 올려라.

⑦ 구매 후의 가치를 보장해 주어라.

⑧ 고객의 비즈니스가 성공하도록 지원하라.

10

실수로 인한 이미지 손상을 막고 싶다.

① 영업실무자의 이미지는 기업의 역량평가와 영업의 성과에 영향을 미친다

② 고객에게 제안하는 서류를 완벽하게 이해하고 실수를 하지 마라.

③ 스스로 점검하는 시스템을 구축하라.

④ 고객에게 제안하기 전에 충분한 검토를 하라.

⑤ 지키지 못하는 약속은 절대 하지 마라. 약속은 반드시 지켜야 한다.

⑥ 실수를 하였다면 변명하지 말고 솔직하게 인정하고 사과하라.

⑦ 성공사례를 고객이 알도록 해 실수를 만회할 수 있는 능력이 있음을 알려라.

⑧ 정확한 정보를 모를 때는 확인 후에 제공하라.

⑨ 실수에 대한 보상을 조건영업, 접대 등을 사용하지 마라.

⑩ 계약내용과 조직의 대응 차이로 발생하는 실수라면 내부 영업지원 시스템을 개선하라.

11

—

고객이 언제 계약을 요청할 지 모른다.

① 고객은 자신이 필요한 제품을 필요할 때 구매를 한다.

② B2B고객은 계획에 따라 구매를 한다.

③ 고객의 구매계획과 구매시기를 파악하라.

④ 고객의 재고수준, 사용부서의 업무목표 등에 대한 정보를 파악해
  고객의 구매시기를 예측하고 영업활동에 활용하라.

⑤ 고객의 구매 프로세스에 영향력을 미쳐서 구매시기를 조절하라.

⑥ 항상 대비하라.

⑦ 영업진척도표를 활용하라.

⑧ 고객의 구매가치사슬 분석을 활용해 고객의 구매시점을 예측하라.

⑨ 고객에게 자신들의 구매시점을 노출하도록 하는 영업전술을 기획
  하라. (자사의 재고수준, 생산계획 등을 알려 고객의 반응을 끌어내라)

⑩ 자사의 영업성과를 자연스레 알려라.

12

B2G 영업에서 고객 유형이 다양하여 힘들다.

① 경쟁사를 선호하는 고객

    i. 차별점을 지속적으로 강조하라.

    ii. 고객 특성상 너무 자주 접촉하는 것은 주의해야 한다.

    iii. 경쟁사의 틈새를 노려라.

    iv. 인간적인 관계구축으로 영업의 기회를 확보하라.

② 계약과 용역 내용에 대해서는 잘 모르면서 무조건 가격을 깎으려는 고객

    i. 파이를 나누거나, 파이를 키우는 전략을 위해 다양한 거래조건을 준비하라.

    ii. 가격을 깎으려는 것은 고객의 당연한 요구이고, 고객의 요구는 욕구일 뿐이다. 고객의 욕구를 파악해야 한다.

       가) 질문하라.

나) 고객의 문제는 고객만의 문제가 아니다.

다) 양보, 덤 주고받기 등의 전략을 수행하라.

라) 당신의 제안이 거절된 상태로 남겨두지 마라.

iii. 자세한 내용에 대해 고객이 충분한 지식을 쌓도록 지원하라.

iv. 상대가 받는 내부의 압력을 이해하고, 완화할 수 있는 대안을 제시하라.

v. 실무자를 건너뛰고 상급자를 만나지 마라.

③ 부도덕한 대가를 바라는 고객

i. 영업실무자가 결정하지 말고 조직이 결정하도록 하라.

ii. 조직에서 주어진 권한이 있다면 지혜롭게 활용하라.

iii. 대가에 대해서는 어느 정도의 한계를 정해 놓아라.

13

견적가 부담으로 구매방식이 수의계약에서
입찰 등 경쟁구매로 바뀌었다.

① 고객의 구매전략 변경을 늘 예상하고 준비하라.

② 고객의 구매비용 절감을 위한 노력을 이해하라.

③ 구매비용 절감 이상의 가치를 제안할 수 있어야 한다.

④ 고객의 의사결정 기준수립에 개입하라.

⑤ 경쟁력 있는 제안을 위한 내부노력을 끌어내라.

⑥ 사용자들을 습관화시켜 넛지를 걸어라.

⑦ 구매부의 구매전략 변경에 영향을 미치는 활동을 전개하라.

⑧ 가격할인의 불이익을 알려라-품질문제, 서비스 문제 등

⑨ 경쟁구매에서 우위를 점할 수 있는 제안의 수준과 내용을 변경하라.

⑩ 고객내부의 우호적인 세력을 활용해 입찰과 관련된 필요한 정보를
   파악하라.

⑪ 경쟁입찰로 바꾼 근본적인 이유를 파악해 적절하게 대응하라.

14

—

다른 경쟁사와 비교하며 당사의 정보만 요구하고 경쟁사와 자신의 정보를 오픈하지 않는다.

① 정보제공의 수준을 정해 놓아라.

② 고객의 추가적인 정보요청에 대해서는 보험을 들어야 한다.

③ 고객의 정보요청에 합당한 이유를 요구하라.

④ 고객이 요청하는 정보의 수준으로 고객의 구매 프로세스와 구매시기 등을 예측해 대응하라.

⑤ 정보 불균형의 상태에 빠지지 마라.

⑥ 조급하게 영업의 성과를 기대하지 마라.

⑦ 적절한 간격을 두고 영업활동을 전개하라.

⑧ 정보제공자가 되지 말고, 고객의 니즈를 해결해주는 가치제안자가 되라.

15

고객(실무자)의 개인적인 니즈를
건드려 영업의 기회를 잃었다.

① 괴씸죄에 걸리지 마라.

② 고객의 개인적인 니즈에 민감하라.

    i.   실무자는 구매를 통해 불이익을 받기를 원하지 않는다.

    ii. 실무자는 구매를 통해 긍정적 평가와 경력상의 이익을 원한다.

    iii.실무자는 구매를 통해 자신의 영향력을 확인하고자 한다.

    iv. 실무자는 구매때문에 내부직원들과의 관계에 부정적 영향을
        원하지 않는다

③ 실무자들에게 구매의 정당성을 알리고, 조직과 상사를 설득하도록
충분한 지원을 해야 한다.

④ 직급이 낮다고 무시하지 말고, 실무자가 가진 권한을 인정하라.

⑤ 실무자에게 상사 이야기를 할 때는 조심하라.

⑥ 실무자 상사와의 개인적인 관계를 가급적 이야기하지 마라.

16

제품 안전상의 이유로
업체를 바꾸려 하지 않는다.

① 이 역시 고객의 습관과 관련성이 있다.

② 익숙하지 못한 제품으로 인해 업무수행에 지장을 받고 싶지 않는 것이다.

③ 고객이 의심을 하고 있다면 증거자료를 통해 의심을 해소해 주어야 한다.

④ 고객이 오해를 하고 있다면, 고객의 오해 내용을 명확히 파악해 고객의 불안을 해소시켜 주어야 한다.

⑤ 다양한 영업도구를 활용해 고객의 전환비용을 낮추어야 한다. (기술 세미나, 샘플, 시연, 무료사용기회제공, 다른 사용자의 사례 등)

⑥ 고객이 수용할 때까지 기다리는 장기적인 영업활동을 기획하라.

⑦ 자사 제품에 대한 안전인지, 교체할 때 발생하는 위험때문인지를 파악해 적절하게 대응하라.

⑧ 고객이 바꾸어야 하는 정당성을 파악해 제안하라.

별첨. 영업실무자들의 고민 23가지와 해결 방법

17

약속이 없는 갑작스럽게 방문을 했을 때
자연스런 대화가 어렵다.

① 고객 역시 당황스러워 한다.

② 고객과의 만남은 항상 약속을 정하고 목적이 뚜렷해야 한다.

③ 과거 아날로그 영업, 몸으로 때우고, 발로 뛰는 영업에서는 가능했을지
   도 모르나, 오늘날과 미래의 영업에서는 지양해야 하는 영업방식이다.

④ 그리고 불시에 고객을 방문해야 할 때는 고객 맞춤식의 대화 소재
   를 준비해야 한다.

⑤ 고객에게 전문성을 인지시켜라. 고객이 영업실무자를 만나는 것이
   도움이 되는 일이라는 것을 알면 대화는 자연스러워질 수 있다.

⑥ 전문가로서의 이미지 구축이 어렵다면, 인간적인 공감대와 신뢰라
   도 만날 때마다 구축해야 한다.

⑦ 갑작스러운 방문의 경우 고객의 시간을 너무 많이 빼앗지 마라. 적
   절한 때 떠나라.

⑧ 고객이 준비되지 않았거나 사전에 합의가 되지 않은 거래와 관련
   된 민감한 주제는 다루지 마라.

18

온라인과 오프라인의
가격 차이를 극복하기 어렵다.

최근 기업들의 온라인 판매와, 고객들의 온라인 구매가 오프라인 거래를 초과할 정도로 활성화되고 있다. 따라서 오프라인 판매를 하는 기업은 이러한 새로운 도전을 지혜롭게 극복해야 한다. 온라인 거래는 많은 장점도 있지만, 단점 또한 적지 않게 있다. 다음의 몇가지 지침을 활용해 이러한 도전을 극복하기 바란다.

① 오프라인 구매의 장점을 알려라.
   i. 품질비교 가능으로 정보 불균형 해결
   ii. 실물을 보고, 경험하고 구매함으로써 사용상의 비용절감
   iii. 사후 서비스 지원 등의 시스템적인 장점 강조
   iv. 영업실무자와의 상호작용을 인한 의문해소 및 신뢰강화 가능
   v. 고객이 가격차이를 극복할 수 있는 가치를 제안하라.
   vi. 온라인 구매 시에 발생할 수 있는 위험을 알려라.
   vii.고객과의 거래특유자산을 구축해 한계를 극복하라.

19

—

기술 미팅 후 계약을 위한 견적서를 경쟁사에 오픈하고 계약을 하려 한다.

① 사전협상 실시로 고객의 요구수준 파악과 고객이 고민하도록 하는 협상의 여지를 알려준다.

② 보험들기-기술미팅 등에 고객이 비용을 지불하도록, 개발부분 등에 고객을 개입시켜 이탈을 사전에 방지한다.

③ 본 계약 후 본격적인 프로젝트가 실행됨을 실무부서에 강조한다.

④ 진행상황에 따른 계약을 맺는다.

⑤ 최종 합의 조건은 나중에 할 것이라고 하면서 협상의 여지를 남긴다.

⑥ 고객의 전략일 가능성이 있으므로, 쉽게 가격을 깎아주는 등의 협상보다는 교환, 양보 얻기, 절충 등의 협상전략을 구사한다.

⑦ 고객사와 자사의 상사를 개입시켜 매몰비용을 올린다.

⑧ 기술미팅에서 실무자를 자사의 솔루션에 몰입하도록 만들어 다른 대안의 가치를 떨어뜨려라.

⑨ 핵심적인 기술은 정식 계약 후 공개를 하거나, 제공하도록 하라.

78개 현장사례에서 배우는 Sales Leadership
영업실무자가 묻고 세일즈마스터가 답하다

20

외국 원료를 수입 후 납품하려는 데
다른 기업과 계약 혹은 자체 개발을 하려고 한다.

① 스스로 시장과 고객을 개척하는 역량을 키운다.

② 에이전트의 대리인 비용을 늘 예측하고 대비해야 한다.

③ 실제 고객과 직거래를 한다.

④ 계약서에 대리인 행동과 신뢰를 깨는 행위에 대한 조건을 명확하게 한다.

⑤ 수입업무에 고객을 참여시키는 방법을 모색하라.

⑥ 가격을 조정하기 위한 전략일 수 있으므로, 필요한 정보를 파악하라.

21

소모품 영업에서 관계자가
너무 많아 만나는 시간을 잡기 어렵다.

① 한 기업내에 구매관계자가 많다면 개별로 만나지 말고, 그룹으로
  만나라.

② 영업진척도와 구매프로세스를 파악해 만나야 될 고객을 선택하라.

③ 2번으로 만나지 못하는 고객은 SNS를 활용해 커뮤니케이션을 하라.

④ 고객의 역할에 따라 팀영업을 하라.

⑤ 고객을 한번에 모으는 방법을 활용하라-설명회 등

⑥ 고객을 찾아가지 말고, 고객이 찾아오도록 하라.

⑦ 고객이 역할에 맞는 메시지를 준비하라.

⑧ 고객의 권한에 맞는 영업프로세스를 구축하라.

⑨ 고객사 내부에 챔피언을 확보해 영업활동의 지원을 받아라.

⑩ 고객의 의사결정에 도움이 되는 언어맵핑을 활용해 컨센서스를 만
  들어라.

22

불경기에 고객관리를 잘 하고 싶다.

영업의 성과중심 관리 보다는 인간관계 중심의 관리를 하는 것이 좋다. 고객은 영업실무자가 자신과의 좋은 관계를 구축하고 유지하는 목적을 안다. 따라서 고객은 자신이 영업실무자를 위해 무엇을 해주어야 하는지도 안다. 중요한 것은 현재 불경기가 그것을 하지못하게 방해하고 있는 것이다. 경기는 순환이 된다. 그리고 고객은 여유가 있으면 자신을 도와준 영업실무자를 돕는다. 따라서 다음의 지침으로 불경기 시에 고객을 관리하라.

① 경기가 어려울 때 자주 고객을 만나고 고민을 들어주고, 미래를 준비하라.
② 고객도 돌파구를 찾는데 안간힘을 쓰고, 다양한 방법을 모색하고 있다.
③ 호경기에는 모든 영업실무자들이 활동을 많이 하고 접대도 한다. 고객이 어려울 때 챙겨 줘라.
④ 장기적인 시각으로 고객관리를 하라.
⑤ 고객에게 거래의 성과를 요구하지 마라.

327
○○○○

23

대리점 직원이 똑똑하고 매출도 좋으나
마진 수준이 너무 떨어진다.

똑똑한 직원들은 자신의 능력을 과신하고, 또한 자신의 능력을 보여주고자 하는 욕심으로 무리한 계약을 받는 경우가 있다. 적절한 피드백과 코칭으로 그들이 바람직한 성과를 올릴 수 있도록 도와주어야 한다. 그들이 올바른 성과를 올릴 수 있도록 다음의 지침을 활용하라.

① 대리점 사장과 이야기를 해서 함께 문제를 해결한다.
② 이 직원의 계약을 성과와 마진 수준으로 확인 후 적절한 피드백을 제공한다.
③ 본사와 공동 영업시스템을 구축해 일정 범위 이상은 독자적인 결정을 못하도록 규칙으로 정한다.
④ 회사의 방침으로 직원들을 교육시켜 매출과 마진의 중요성을 강조한다.
⑤ 현장의 영업실무자들의 권한을 제한한다.
⑥ 인센티브 보상범위 제한—매출이 아니라 마진으로…

78개 현장사례에서 배우는 Sales Leadership
영업실무자가 묻고 세일즈마스터가 답하다

 ## 100전 100승 제안서 쓰기

1. 제안서의 이해

제안서는 영업실무자들이 가장 많이 활용하는 영업도구이다. 그래서 제안서는 자사와 자사의 제품 및 서비스의 장점과 특징들을 중심으로 고객의 흥미를 유발하거나, 구매검토를 요청하는 영업의 도구이다. 잘 작성되고 준비된 제안서는 고객이 기억을 하고 가망 공급업체로 선택하도록 하는 영향력, 고객의 문제해결과 목표달성을 지원할 수 있는 솔루션으로 고객의 구매의사 결정을 촉구하는 매력적인 도구이다. 하지만 영업현장에서 실제로 활용되는 제안서는 이러한 효과를 발휘하지 못하는 경우가 많다.

제안서를 통해 고객에게 구매의 정당성과 구매 후의 이익에 대한 명확한 메시지와 근거자료 등으로 고객을 설득하지 못하면 고객의 구매의사결정에 영향을 미칠 수 없다. 고객이 기대하는 제안서는 가격 목록표가 아니고, 제품 목록표 혹은 업무 영역서가 아니며, 회사의 연혁서가 아니다. 고객이 기대하는 잘 작성된 제안서는 가격 보다는 가치를 강조하면서 고객의 구매욕구를 자극하며, 고객의 흥미와 관심을 유도해 영업조직의 역량과 제품의 가치에 대해 고객이 기억(Positioning)하도록 돕고, 고객의 비즈니스 파트너로서의 역량을 인지시켜 고객이 내부 보고를 하거나 구매를 촉구하는 역할을 하는 제안서이다.

2. 효과적인 제안서와 제안서 작성시 저지르는 실수

제안서는 두 가지 종류가 있다. 하나는 회사와 상품의 존재를 알리는 소개자료로서의 제안서가 있고, 고객의 니즈와 고객의 구매가치 중심으로 작성된 설득용 제안서가 있다. 대부분의 영업실무자들이 고객에게 제공하는 제안서는 첫 번째 제안서이다. 제안서의 효과가 떨어지는 이유는 고객은 두 번째 제안서를 기대하는데, 영업실무자가 보내온 제안서는 첫 번째 제안서인 경우가 많기 때문이다. 다음의 내용이 제안서를 작성할 때 영업실무자들이 저지르는 실수이다.

① 고객의 비즈니스와 이익에 초점을 맞추지 못한다. 누구에게나 적용되는 일반적인 내용만 담는다.
② 설득력 없는 구조로 일관한다.
③ 제품의 기능, 성능 중심의 정보더미가 된다.
④ 경쟁사와 차별화가 되지 않는다.
⑤ 강력한 가치 제안을 못한다. 그래서 구매의 정당성이 떨어진다.
⑥ 핵심사항이 나타나지 않고, 강력한 주장도 핵심 키워드도 없다.
⑦ 전문용어가 가득하거나 너무 길어서 읽기가 어렵다.
⑧ 오자, 탈자 등으로 신뢰성이 떨어진다.

효과적인 제안서는 다음의 조건을 갖추어야 한다.

① 선명성 : 전하고자 하는 메시지가 정확해야 한다. 이는 영업실무자 기준이 아니라 고객기준이다.
② 자신감 : 고객인 실무자가 내부 보고에 자신감을 가질 수 있어야 한다.
③ 설득력 : 설득력 있는 제안서는 고객의 행동을 유도한다.
④ 경쟁력 : 다양한 대안들과 차별화가 명확하고, 구매의 타당성이 제시되어야 한다.
⑤ 완벽성 : 고객이 구매검토를 할 때 필요한 내용이 모두 포함되어야 한다.

3. 제안서 작성 준비

제안서는 고객사의 실무자가 조직과 상사를 설득하거나, 그들에게 보고를 할 정도의 수준이 되어야 한다. 설득력 있는 제안서 작성을 위해서는 다음의 두 가지가 사전에 준비되어야 한다.

① 가치 개발

가치 개발은 자사와 제품의 가치로 고객의 니즈 해결을 위한 솔루션의 기초가 된다. 가치 개발은 조직과 제품이 가진 사실의 나열이 아니라, 그러한 사실들이 어느 부서 누구에게, 언제, 어떤 상황에서, 어떻게, 왜 필요한지를 논리적으로 알리는 것이다. 잘 준비된 가치 개발은 제품영업이 아닌 가치영업을 하도록 도와준다. 매력적인 가치 개발을 위해서는 다음 표의 구성에 따라 메시지를 개발해야 한다.

제품 \ 가치		속성, 기능, 성능 SPEC과 편익			경쟁제품,대체재와 비교 차별화, 가치(편리함, 이익)	
		SPEC	사용자, 사용상황– 문제해결, 편리함	고객사, 실무부서가 얻는 이익	차별화	이익
제품		조건 ──▶ 결과 ↓ 조건 ──▶ 결과				
사례,증거						

가치 개발

② 고객 니즈 추론

고객의 니즈는 곧 영업실무자에는 영업의 성과를 결정짓는 고객의 구매 이유이다. 영업실무자의 고객 니즈를 발견하는 수준은 영업의 경쟁력을 결정하고, 고객의 구매행동을 끌어내는 핵심이 된다. 제안서를 작성하기 전에 영업실무자는 고객을 통해서든, 정보를 통해서든 고객이 자사의 제품과 서비스를 구매해야 하는 타당한 이유와 배경을 논리적으로 찾아내야 한다. 고객의 내 • 외부 환경과 실무부서의 상황을 파악해 고객이 해결할 문제인 니즈를 추론해야 한다. 다음의 그림이 고객의 니즈를 발견할 때 활용하는 표이다.

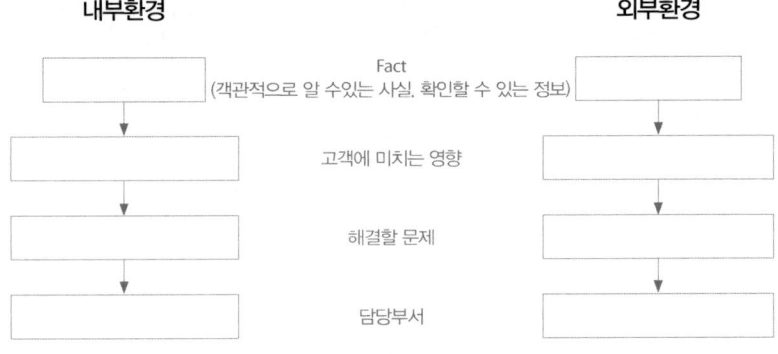

(고객이 해결할 문제가 니즈가 된다.)

4. 제안서 구성

자사와 제품의 가치 개발과 고객의 니즈 추론을 한 후에는 제안서 작성을 위한 아젠더를 준비해야 한다. 아젠더는 제안서 작성의 청사진으로 제안서의 수준을 결정한다.

다음 그림이 제안서 작성 전에 준비해야 하는 아젠더 이다.

제안서 제목: 고객이 자사와 비즈니스를 통해 얻는 궁극적인 이익: **영업경쟁력 강화를 통한 매출향상**	제안배경: 3~4개:분석항목에서 1. 2. 3. 4.	고객의 니즈 정리 **-영업비 절감** **-영업활동량 증가** **-영업효율 향상**
목차 정리 -제안배경 -제안내용: 니즈 항목 나열 -결론 -첨부: 자사소개, 역량소개	제안내용1-니즈1 니즈: **영업비 절감** 현황,배경 해결방법제안:가치 　SPEC, 편리함, 편익, 문제해결 증거, 사례 정리	제안내용2-니즈2 니즈: 영업활동력 강화 현황,배경 해결방법제안:가치 　SPEC, 편리함, 편익, 문제해결 증거, 사례 정리
제안내용3-니즈3 니즈: 영업효율향상 현황,배경 해결방법제안:가치 　SPEC, 편리함, 편익, 문제해결 증거, 사례 정리	마무리-1p로 전체 내용을 요약-핵심만 고객현재상황-해결할 문제(니즈)-최종이익	첨부자료….

아젠더 준비

아젠더를 준비한 다음 본격적인 제안서 작성을 해야 한다. 고객이 기대하는 제안서의 구조는 다음과 같다.

① 제목-1p

② 구성/목차-2p

③ 제안배경

④ 제안내용: 솔루션, 고객의 니즈 제목만

⑤ 제안배경-3p

⑥ 제안배경 3~4개

⑦ 그래서 고객이 얻는 이익 혹은 고객의 달성하고자 하는 목표

⑧ 제목을 다시 강조

⑨ 제안내용-4p~

⑩ 니즈1: 영업비 절감

⑪ 배경-SPEC,사실-편리함, 이익, 문제해결-증거,사례

⑫ 니즈2: 영업활동력 강화

⑬ ...

⑭ 결론-End Page

⑮ 고객의 상황과 니즈-해결방법-이익을 하나의 그림으로/메시지로

78개 현장사례에서 배우는 Sales Leadership
영업실무자가 묻고 세일즈마스터가 답하다